🟡 **TRAVEL BIBLE** *Series*

TRAVEL BIBLE Series

여행영어

2012년 7월 30일 개정판 1쇄 발행
2025년 6월 15일 개정판 9쇄 발행

편저자　SY 언어 개발팀
펴낸이　최준수
펴낸곳　삼영서관
디자인　디자인클립

주소　인천시 계양구 당미 5길 7 우남푸르미아 103동 901호
전화　02) 2242-3668　팩스　02) 6499-3658

홈페이지　www.sysk.kr
이메일　syskbooks@naver.com
등록일　1978년 9월 18일
등록번호　제 1-261호

ISBN　979-11-983436-4-2　13740

책값　7,000원

※ 파본은 구입처에서 교환하여 드립니다.

이 책의 순서

contents

이 책의 순서
이렇게 꾸몄습니다

여행정보
여권과 비자 만들기 • 10
공항 도착에서 출국까지 • 13
여행 준비물 • 16

기본표현
패턴으로 익히는 중요표현 • 18
실용단어 • 24
기본표현 • 28

출국 준비
1. 항공권 전화 예약 • 36
2. 항공권 직접 구입 • 40
3. 항공권 재확인 • 44
4. 항공권 취소 및 변경 • 48

비행기 타기
1. 탑승 안내 • 50
2. 좌석 찾기 • 54
3. 기내 서비스 • 60
4. 기내 쇼핑 • 64
5. 기내 서비스 요청 • 68
6. 입국 신고서 작성 • 74
7. 환승 • 76

도착

1. 입국 심사 • 80
2. 세관 검사 • 84
3. 수하물 찾기 • 88
4. 환전 • 90
5. 호텔로 이동 • 94

교통수단
1. 버스 • 96
2. 기차 • 102
3. 택시 • 108
4. 자전거 • 112
5. 선박 • 114
6. 지하철 • 116
7. 렌터카 • 120
8. 주유소 • 124
9. 드라이브 • 126

숙박
1. 호텔 예약 • 130
2. 호텔 체크인 • 136
3. 룸서비스 • 144
4. 호텔 시설 이용 • 150
5. 문제 발생 • 152
6. 호텔 체크아웃 • 158
7. 유스호스텔 • 164

식사
1. 레스토랑 예약과 안내 • 168
2. 식사 주문 • 172
3. 음식 • 176
4. 식탁에서 • 180
5. 후식(디저트) 주문 • 182
6. 음료 주문 • 184
7. 패스트푸드점 • 188
8. 계산하기 • 190

관광
1. 관광 안내소 • 192
2. 여행 자료 • 198
3. 길 안내 • 200
4. 사진 촬영 • 204
5. 미술관·박물관 • 206
6. 공연장 • 210
7. 영화관 • 212
8. 스포츠와 레포츠 • 214
9. 술집 • 216
10. 디스코장 • 220

쇼핑
1. 쇼핑 안내 • 222
2. 면세점 • 224
3. 화장품 가게 • 226
4. 옷 가게 • 228
5. 사진관 • 232
6. 보석 가게 • 234
7. 미용실 • 236
8. 슈퍼마켓 • 238
9. 계산하기 • 242
10. 포장 • 244
11. 배달 • 246
12. 반품 및 환불 • 248

통신·우편
1. 우편 • 252
2. 공중전화 • 256
3. 국제전화 • 260
4. 인터넷·팩스 • 264

문제 발생
1. 긴급 상황 • 266
2. 도난 • 268
3. 분실 • 272
4. 신용카드·여권 재발급 • 274
5. 병원 • 278
6. 약국 • 284
7. 차 고장 • 288
8. 교통사고 • 292
9. 길을 잃었을 때 • 296

귀국
1. 예약 재확인 • 300
2. 출국 • 302

핵심 단어장 • 305

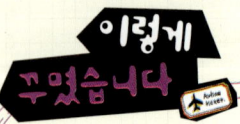
이렇게 꾸몄습니다

1. 급할 땐 이것만이라도!

가장 중요한 표현을 선별하여 표지 안쪽 면에 수록하여, 급할 때 책만 펼치면 바로 볼 수 있도록 구성하였습니다.

2. 패턴으로 익히는 중요 표현

하나의 패턴에 그때그때 필요한 단어만 바꾸어 넣으면 각 상황에 필요한 표현을 쉽게 만들어 사용할 수 있습니다.

3. 중요 표현

유용한 표현 중에서 가장 활용도가 높으면서, 쉽고 간결한 표현을 골랐습니다. 앞부분에 강조되어 있어서 보기에 편리합니다.

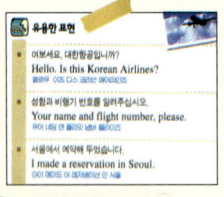

4. 유용한 표현

이 책의 핵심 부분입니다. 여행지에서 일어날 수 있는 여러 상황을 구성하여, 각 상황마다 꼭 필요한 필수 표현들을 수록하였습니다.

5 어휘
유용한 표현에서 언급된 어휘를 다룹니다. 사전이 필요 없습니다.

6 실용회화
여행자를 중심으로 여행지에서 일어날 수 있는 실제 대화를 연출하였습니다. 풍부한 삽화로 그 상황을 재현하여 공부하는 재미를 더했습니다.

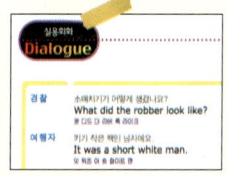

7 팁(Tip)
여행에 필요한 모든 정보가 담겨 있어 유용합니다.

8 깜짝 센스
우리와는 다른 문화를 가진 외국에서 순간순간 당황하지 않도록 주의사항과 에티켓을 알려줍니다.

여행정보

- 여권과 비자 만들기
- 공항 도착에서 출국까지
- 여행 준비물

여권과 비자 만들기

1 여권 만들기

여권이란 간단히 말해 한국인의 신분증이다. 다시 말하면 해외여행을 위해 외국으로 떠나는 사람에게 정부가 여행을 허가해 준 허가증이며, 여행 중 한국인임을 증명할 수 있는 신분증명서이다.

여권은 여행자 수표를 현지 화폐로 환전할 때, 면세품을 구입할 때, 렌터카를 임대하거나 호텔에 투숙할 때 반드시 제시하여야 하며 신분증 역할을 하므로 해외여행 내내 소지하고 다녀야 한다.

현재는 여권 위·변조 및 여권 도용 억제를 통해 여권의 보안성을 극대화하고, 궁극적으로 해외를 여행하는 우리 국민들의 편의를 증진시키기 위해 전자여권이 도입되었다. 전자여권(ePassport, electronic passport)이란, 비접촉식 IC칩을 내장하여 바이오인식정보(Biometric data)와 신원정보를 저장한 여권을 말한다.

여권 발급시 필요한 서류

1. 여권발급신청서
2. 여권용 사진 1매(※ 긴급 사진부착식 여권 신청시에는 2매 제출)
3. 신분증
4. 재외공관에서의 신청 경우 : 주재국의 체류허가서(입국비자 등)
5. 18세이상 35세이하 남자의 경우(군미필자 및 군복무를 마치지 아니한 자)
   · 국외여행허가서(25세 이상 35세 이하)   · 기타 병역 관계 서류
6. 미성년자(18세 미만)의 경우
   · 여권 발급동의서(동의자가 직접 신청하는 경우는 생략)
   ※ 동의자(부모, 친권자, 후견인 등 법정대리인) 작성

2 비자 만들기

비자란 입국사증을 나타내는 말로 비자에 명시된 대로 그 나라에서 일정기간의 체류를 허용한다는 증명서로 이것이 없을 경우 입국을 거부당한다. 여행국가 중에는 비자를 요구하는 국가가 있는가 하면 비자 없이 자유로이 여행할 수 있는 국가도 많다. 우리나라와 비자 면제협정을 맺고 있는 서유럽 전국가 및 헝가리, 동남아 일부 국가는 비자 없이도 0~90일간 체류가 가능하다. 비자는 국내 제외공관(대사관)에서 여권에 기재해 준다.

비자 면제협정 체결국가 현황 (2009. 9. 1. 현재)

적용대상	국가명		
외교관 / 관용 (24개국)	필리핀(무제한), 파라과이(90일), 이란(3개월), 몽골(30일), 베냉(90일), 베트남(90일), 에콰도르 (외교: 업무수행기간, 관용: 3개월), 사이프러스(90일), 벨리즈 (90일), 이집트(90일), 파키스탄(3개월), 일본(3개월), 크로아티아(90일), 우루과이 (90일), 인도(90일), 아르헨티나(90일), 러시아(90일), 알제리(90일), 벨라루스(90일), 아제르바이잔(30일), 캄보디아(60일), 카자흐스탄(90일), 방글라데시(90일), 라오스(90일)		
외교관 / 관용 / 일반	30일(1개국)	튀니지	
	60일(2개국)	포르투갈, 레소토	
	90일 (60개국)	아주지역 (4개국)	태국, 싱가폴, 뉴질랜드, 말레이시아
		미주지역 (24개국)	바베이도스, 바하마, 코스타리카, 콜롬비아, 파나마, 도미니카(공), 도미니카(연), 그레나다, 자메이카, 페루, 아이티, 세인트루시아, 세인트키츠네비스, 브라질, 세인트빈센트그레나딘, 트리니다드토바고, 수리남,

외교관 / 관용 / 일반	90일 (60개국)	미주지역 (24개국)	안티구아바부다, 니카라과, 엘살바도르, 멕시코, 칠레, 과테말라, 베네수엘라(외교,관용 30일, 일반90일)
		구주지역 (29개국)	**쉥겐국(25개국 중 슬로베니아 제외)** 그리스, 오스트리아(외교·관용 180일), 스위스, 프랑스, 네덜란드, 벨기에, 룩셈부르크, 독일, 스페인, 몰타, 폴란드, 헝가리, 체코, 슬로바키아, 이탈리아, 라트비아 리투아니아, (이하 180일 중 90일) 에스토니아, 핀란드, 스웨덴, 덴마크, 노르웨이, 아이슬란드(포르투갈은 60일에 해당) **비쉥겐국** 리히텐슈타인, 영국, 아일랜드, 불가리아, 루마니아, 터키
		중동·아프리카지역	(3개국)모로코, 라이베리아, 이스라엘

★ 캐나다 : 상호합의에 의거 6개월간 사증면제(협정 미체결, 1998.4.10)
★ 파키스탄 : 2001.10.1부터 일반여권 소지자에 대한 사증면제 일시중지 상태
★ 방글라데시 : 2008.7.15일자로 일반여권 소지자에 대한 사증면제협정 일시정지
★ 이탈리아 : 협정상의 체류기간은 60일이나 상호주의로 90일간 체류기간 부여(2003. 6.15)
★ 일본 : 일반은 구상서 교환에 의한 90일간 사증면제(외교·관용은 사증면제협정체결)
★ 우크라이나 : 우리국민에 대한 일방적 사증면제(2006.6.24부 발효), 우크라이나 국민은 사증필요
★ 라오스 : 2009.8.1부터 협정 시행

공항 도착에서 출국까지

1 공항 도착

적어도 출발 시간 3시간 전에는 공항에 도착하여야 한다.

2 항공사 탑승수속

- **좌석배정**

  해당 항공사의 카운터에서 좌석을 배정 받고, 위탁수하물을 보낸다.

- **위탁수하물 보내기**

  - 위탁수하물로 보낼 짐과 기내에 가지고 들어갈 짐을 미리 정리하여 수속하도록 한다. 기내로 가지고 들어갈 수 없는 물품은 위탁수하물로 보내도록 한다.

  - 기내 반입 물품 기준(항공사마다 기준이 다름)
    통상적으로 일반석에 적용되는 수하물의 크기와 무게는 개당 $55 \times 40 \times 20$(cm) 3면의 합 115(cm) 이하로써 $10kg$ ~$12kg$ 까지이다.

  - 위탁수하물 무료 허용 기준
    통상적으로 미주구간은 $23kg$ 이내이고, 미주 외 구간은 $30kg$ 이다.

기내 반입 금지 물품

칼, 가위, 면도칼 등 뾰족하거나 날카로운 물품 / 총기류 및 장난감 총 / 불꽃놀이, 폭죽, 신호탄, 모형 권총, 라이터, 최루 가스 / 향수 / 전해물 건전지 / 휴대용 버너, 부탄가스, SCUBA탱크 / 페인트, 광택제, 헤어스프레이 (래커) / 유독성 물질, 전염성 있는 물질, 방사성 물질 / 화학 물품, 화학 비료, 제초제, 구충제, 살충제 / 페인트 박리제, 표백제, 염소, 세척제 / 연료, 희석제, 용제, 아세톤과 같은 가연성 액체 / 수은 체온계, 기압계

3 출국신고서 작성

2006년 8월 1일부터는 출국신고서가 전면적으로 생략되어 한결 빠르고 편하게 출국심사를 받을 수 있다.

4 병무·검역신고

병역 의무자가 국외를 여행하고자 할 때는 병무청에 국외여행허가를 받고 출국 당일 법무부 출입국에서 출국심사 시 국외여행허가증명서를 제출하여야 한다.

5 세관 신고

- 미화 1만 불을 초과하는 일반 해외 여행경비 휴대 반출 시에는 세관 외환신고대에 신고하여야 한다.
- 여행 중 사용하고 다시 가져올 귀중품 또는 고가품은 출국하기 전 세관에 신고한 후 "휴대물품반출신고서"를 받아야 입국 시에 면세를 받을 수 있다.

6 출국 보안심사

여권, 탑승권을 출국장 입장 시 보안요원에게 보여 준다.

- 휴대물품을 X-ray 검색대 벨트 위에 올려 놓는다.
- 겉옷과 소지품(휴대폰, 열쇠, 지갑, 동전 등)도 모두 꺼내 검색용 바구니에 넣는다.
- 문형탐지기 통과 후 검색요원의 검색을 받는다.

7 출국 심사

여권과 탑승권을 준비하고 출국심사대 앞 대기선에서 기다린다. 순서가 오면 심사관에게 여권과 탑승권을 제시하고 출국확인을 받는다.

8 탑승

이제 출국을 위한 수속은 모두 끝났다. 가장 먼저 할 일은 탑승구 위치를 확인하는 것이다. 늦어도 출발 시간 30분 전에는 게이트에 미리 도착해 있도록 한다. 시내면세점에서 미리 구입한 물품은 면세품 인도장에서 수령하도록 한다. 탑승시간까지 대합실에서 휴식을 취하거나 면세점을 이용해 보자.

면세점(DUTY FREEP)

여행 준비물

- 여권(분실 대비용 여권 복사본 – 여권과 다른 곳에 보관할 것)
- 항공권
- 비자
- 현금 및 신용카드
- 증명사진(비자용, 예비용)
- 국제학생증
- 국제운전면허증
- 여행자 보험증

준비물 체크 목록

세면도구	☐ 칫솔 ☐ 치약 ☐ 면도기 ☐ 바디용품 ☐ 생리용품
화 장 품	☐ 기초화장품 ☐ 색조화장품 ☐ 자외선 차단크림
안 경	☐ 선글라스 ☐ 콘택트렌즈 ☐ 식염수 ☐ 예비용 안경
비상약품	☐ 소화제 ☐ 감기약 ☐ 멀미약 ☐ 진통제 ☐ 위장약 ☐ 설사약 ☐ 복용중인 약
의 류	☐ 속옷 ☐ 양말 ☐ 긴소매 옷 ☐ 상의 ☐ 하의 ☐ 재킷(여행지에 따라) ☐ 모자
가 방	☐ 휴대하기 쉽고 중요한 물건을 넣어 가지고 다닐 작은 가방
도 서	☐ 지도 ☐ 여행가이드 도서 ☐ 전자사전
카 메 라	☐ 휴대가 간편한 작은 사이즈 ☐ 배터리 ☐ 메모리 카드
휴 대 폰	☐ (로밍 가능여부 미리 확인)
신 발	☐ 편한 신발이나 운동화 ☐ 샌들
기 타	☐ 수첩과 필기도구 ☐ 휴대용 우산

기본표현

1. 패턴으로 익히는 중요표현
2. 실용단어
3. 기본표현

패턴으로 익히는 중요표현

1. ~을 주십시오. _____, please.

물을 주십시오.
Water, please. 워러 플리이즈

이렇게도 바꿔보세요!

- 계산서 *Check* 체크
- 티켓 *Ticket* 티켓
- 음료수 *Drink* 드링크
- 밀크 *Milk* 밀크
- 시내지도 *City map* 시티 맵
- 이것으로 2인분 *Two of this* 투 어브 디스
- 맥주 *Beer* 비어
- 담요 *Blanket* 블랭킷

2. ~을 잃어버렸습니다. *I lost my _____.*

가방을 잃어버렸습니다.
I lost my bag. 아이 로스트 마이 백

이렇게도 바꿔보세요!

- 길 *way* 웨이
- 신용카드 *credit card* 크레딧 카드
- 지갑 *wallet* 월릿
- 여행자 수표 *traveler's check* 트레블러스 체크
- 돈 *money* 머니
- 여권 *passport* 패스포트
- 티켓 *ticket* 티켓

3 ~해 주세요. Please _____.

비행장으로 가주세요.
Please go to the airport. 플리이즈 고우 투 디 에어포트

이렇게도 바꿔보세요!

- 여기서 멈추다 **stop here** 스탑 히어
- 구급차를 부르다 **call an ambulance** 콜 언 앰뷸런스
- 양식을 작성하다 **fill out this form** 필 아웃 디스 폼
- 경찰을 부르다 **call the police** 콜 더 펄리스

4 ~하려고 합니다. I'd like to _____.

예약을 재확인하고 싶은데요.
I'd like to reconfirm. 아이드 라익 투 리컨펌

이렇게도 바꿔보세요!

- 비행기를 예약하다 **reserve a flight** 리저브 어 플라잇
- 원화를 달러로 환전하다 **exchange some won into dollars** 익스체인쥐 썸 원 인투 달러스
- (예약을) 확인하다 **confirm** 컨펌
- 예약을 변경하다 **change my reservation** 체인지 마이 레저베이션
- 호텔방을 예약하다 **reserve a room** 리저브 어 룸

기본 표현

5 ~은 어디에 있습니까? Where's the _____?

안내 데스크는 어디에 있습니까?
Where's the information desk?
웨어즈 디 인포메이션 데스크

▶ 이렇게도 바꿔보세요!

- 대한항공 카운터 *counters of KAL* 카운터즈 어브 칼
- 면세점 *duty-free shop* 듀티프리 샵
- 매표소 *ticket office* 티켓 오피스
- 탑승 게이트 *departure gate* 디파춰 게이트
- 분실물 센터 *Lost and Found* 로스트 앤 파운드
- 입구/출구 *entrance/exit* 엔트런스/엑씨트
- 화장실 *restroom* 레스트룸
- 환전소 *money exchange* 머니 익스체인지
- 20번 게이트 *gate 20* 게이트 트웨니
- 환승 카운터 *transfer counter* 트랜스퍼 카운터
- 수하물 수취대 *baggage claim* 베기쥐 클레임
- 택시 정류소 *taxi stand* 택시 스탠드
- 버스정류소 *bus stop* 버스 스탑
- 지하철역 *subway station* 서브웨이 스테이션
- 락카 *locker* 락커

6 ~해도 됩니까? May I _____ ?

이 옷을 입어봐도 됩니까?
May I try this on? 메아이 추라이 디스 언

이렇게도 바꿔보세요!

- 담배를 피우다 **smoke** 스모우크
- 사진을 찍다 **take a picture** 테이크 어 픽춰
- 여기에 앉다 **sit here** 씻 히어
- 이것을 가지다 **take this** 테이크 디스
- 들어가다 **come in** 컴 인
- 화장실을 이용하다 **use the bathroom** 유즈 더 베쓰룸
- 이름을 묻다 **ask your name** 애스크 유어 네임
- 자기 소개를 하다 **introduce myself** 인트로듀스 마이셀프
- 안으로 들어가다 **go in** 고우 인
- 창문을 열다 **open the window** 오픈 더 윈도우
- 창문을 닫다 **close the window** 클로우즈 더 윈도우
- 그것을 사용하다 **use it** 유즈 잇

기본표현

7. ~하고 싶습니다. *I want to* _____.

골프투어에 참가하고 싶습니다.
I want to join the golf tour.
아이 원 투 조인 더 골프 투어

이렇게도 바꿔보세요!

- 낚시하러 가다 *go fishing* 고우 피싱
- 카누를 타다 *go canoeing* 고우 커누잉

8. ~은 얼마입니까? *How much is* _____?

요금은 얼마입니까?
How much is/are the fare/charge?
하우 머취 이즈/아 더 페어/차쥐

이렇게도 바꿔보세요!

- 그것 *it* 잇
- 이것 *this* 디스
- 두 장 *two sheets of paper* 투 쎗츠 어브 페이퍼
- 이것 전부 *these all* 디즈 올
- 예약금(보증금) *the deposit* 더 디파짓
- 한 병 *one bottle* 원 바틀
- 저 옷들 *those clothes* 도우즈 클로드즈
- 통과 요금 *excess baggage charge* 익세스 베기쥐 차쥐
- 입장료 *the admission* 디 어드미션

9 ~에 어떻게 갑니까? *How can I get* _____?

거기에 어떻게 갑니까?
How can I get there? 하우 캐나이 겟 데어

이렇게도 바꿔보세요!

- 호텔에 ***to the hotel*** 투 더 호텔
- 항구에 ***to the port*** 투 더 포트
- 시내에 ***to downtown*** 투 다운타운

10 ~ 있습니까? *Do you have* _____?

커피 있습니까?
Do you have coffee? 두 유 해브 커피

이렇게도 바꿔보세요!

- 건전지 ***battery*** 베러리
- 다른 디자인 ***another design*** 어너더 디자인
- 담요 ***a blanket*** 어 블랭킷
- 맥주 ***beer*** 비어
- 베개 ***a pillow*** 어 필로우
- 필름 ***a film*** 어 필름
- 차 ***tea*** 티
- 쇼핑할 시간 ***time for shopping*** 타임 포 샤핑
- 안내책자 ***a brochure*** 어 브로셔

기본표현

각종 서비스 시설 영문 명칭 ** English Name

- 현금 자동 입출금기
  Automated Teller Machine(ATM) 오토메이티드 텔러 머신(에이티엠)
- 코인 락커 *Coin locker* 코인 락커
- 물품 대여점 *For rent* 포 렌트
- 자동 판매기 *Vending machine* 벤딩 머신
- 화장실 *Restroom* 레스트룸
- 스낵바 *Snack Bar* 스낵 바
- 로비 *Lobby* 로비
- 구내전화 *Extention* 익스텐션
- 프론트 데스크 *Front desk* 프론트 데스크
- 엘리베이터 *Elevator* 엘리베이러
- 에스컬레이터 *Escalator* 에스컬레이러
- 여행안내소 *Information center* 인포메이션 센터
- 탈의실 *Dressing rooms* 드레싱 룸스
- 렌터카 *Rent a car* 렌터 카

숫자 ** Numbers

- 1 **one** 원
- 2 **two** 투
- 3 **three** 뜨리
- 4 **four** 포
- 5 **five** 파이브
- 6 **six** 씩스
- 7 **seven** 세븐
- 8 **eight** 에잇
- 9 **nine** 나인
- 10 **ten** 텐
- 11 **eleven** 일레븐
- 12 **twelve** 트웰브
- 13 **thirteen** 떠틴
- 14 **fourteen** 포틴
- 15 **fifteen** 피프틴
- 16 **sixteen** 씩스틴
- 17 **seventeen** 세븐틴
- 18 **eighteen** 에잇틴
- 19 **nineteen** 나인틴
- 20 **twenty** 트웨니
- 30 **thirty** 떠리
- 40 **forty** 포리
- 50 **fifty** 피프티
- 60 **sixty** 씩스티
- 70 **seventy** 세븐티
- 80 **eighty** 에잇티
- 90 **ninety** 나인티
- 100
  one(a) hundred 원 헌드레드
- 1,000
  one(a) thousand 원 따우전드

숫자 읽기 ** Reading numbers

금액	**3 dollars** 뜨리 달러즈
전화번호	**782-3650** 세븐 에잇 투 뜨리 씩스 파이브 오
시간	**8 : 30 a.m.** 에잇 떠리 에이엠
날짜	**June. 15. 2003** 준 피프쓰 투 따우전드 뜨리
비행기 번호	**Flight no. 302** 플라잇 넘버 뜨리 오 투
방 번호	**Room 203** 룸 투 오 뜨리

표지판 ** Signs

- 잔디에 들어가지 마시오 *Please keep out grass* 플리이즈 킵 아웃 그래스
- 비상구 *Emergency exit* 이머전시 엑씨트
- 안내소 *Information* 인포메이션
- 개조심 *Beware of the dog* 비웨어 어브 더 도그
- 출구 *Exit* 엑씨트
- 입구 *Entrance* 엔트런스
- 위험 *Danger* 데인저
- 수리중 *Out of order* 아웃 어브 오더
- 출입금지 *Keep out / Do not enter* 킵 아웃 / 두 낫 엔터
- 멈춤 *Stop* 스탑
- 매진 *Sold out* 솔드 아웃
- 당기시오 *Pull* 풀
- 미시오 *Push* 푸쉬
- 비었음 *Vacancy* 베이컨시
- 사용중 *Occupied* 아큐파이드
- 예약 *Reserved* 리저-브드
- 금연 *No smoking* 노우 스모우킹
- 버튼을 누르세요 *Push button* 푸쉬 버튼
- 관계자외 출입금지 *No Trespassing* 노우 트레스패싱
- 주차 금지 *No Parking* 노우 파-킹
- 일방통행 *One way* 원 웨이

계절 ** Season

- 봄 *spring* 스프링
- 여름 *summer* 써머
- 가을 *fall/ autumn* 폴/ 오텀
- 겨울 *winter* 윈터

달 ** Month of year

- 1월 *January* 제뉴에리
- 2월 *February* 페브루에리
- 3월 *March* 마치
- 4월 *April* 에이프럴
- 5월 *May* 메이
- 6월 *June* 주운
- 7월 *July* 줄라이
- 8월 *August* 오거스트
- 9월 *September* 셉템버
- 10월 *October* 악토버
- 11월 *November* 노벰버
- 12월 *December* 디셈버

방향 ** Direction

- 여기 *here* 히어
- 저기 *there* 데어
- 저쪽 *over there* 오버 데어
- 동쪽 *east* 이스트
- 서쪽 *west* 웨스트
- 남쪽 *south* 사우쓰
- 북쪽 *north* 노쓰
- 곧장 *straight* 스트레잇
- 왼쪽 *left* 레프트
- 오른쪽 *right* 롸잇

기본표현

기본표현

① 인사

- 안녕하세요.
  Hello. 헬로우 / Hi. 하이

- 안녕하세요. (아침)
  Good morning. 굿 모닝

- 안녕하세요. (점심)
  Good afternoon. 굿 애프터눈

- 안녕하세요. (저녁)
  Good evening. 굿 이브닝

- 안녕하세요?
  How are you? 하우 아 유

- 잘 지냅니다. 고마워요.
  Fine, thank you. 파인 땡큐

- 안녕히 주무세요.
  Good night. 굿 나잇

- 안녕히 계세요.
  Good-bye. 굿바이 / Bye. 바이

 소개

- 처음 뵙겠습니다.
  How do you do? 하우 두 유 두

- 만나서 반갑습니다.
  I'm glad to meet you. 아임 글래드 투 밋츄

- 제 소개를 해도 될까요?
  May I introduce myself? 메아이 인트로듀스 마이셀프

- 이름을 여쭈어봐도 될까요?
  May I have your name? 메아이 해브 유어 네임

- 제 이름은 ~입니다.
  My name is ~ . 마이 네임 이즈

- 저는 한국의 서울에서 왔습니다.
  I'm from Seoul, Korea. 아임 프롬 서울 코리아

- 이 분은 ~입니다.
  This is Mr. ~. 디스 이즈 미스터

- 저는 ~에 다닙니다.
  I work for ~. 아이 웍 포

기본표현

❸ 감사와 대답

- 감사합니다. - 천만에요.
  Thank you. -You're welcome. 땡큐 - 유아 웰컴

- 정말 감사합니다.
  Thank you very much. 땡큐 베리 머치

- 친절에 감사드립니다.
  Thank you for your kindness. 땡큐 포 유어 카인드니스

- 도와주셔서 감사합니다.
  Thank you for your help. 땡큐 포 유어 헬프

- 여러 가지로 감사드립니다.
  Thank you for everything. 땡큐 포 에브리띵

- 천만에요.
  My pleasure. 마이 플레저

- 어쨌든 감사합니다.
  Thank you, anyway. 땡큐 애니웨이

사과와 대답

- 죄송합니다. - 괜찮습니다.
  I'm sorry. - It's OK. 아임쏘리 - 잇츠 오케이

- 괜찮습니다.
  That's all right. 댓츠 올 라잇

- 괜찮습니다.
  Not at all. 낫 앳 올

- 불편을 끼쳐 드려서 죄송합니다.
  (I'm) sorry to trouble you. (아임) 쏘리 투 트러블 유

- 실례합니다.
  Excuse me. 익스큐즈 미

- 제 잘못입니다.
  It was my mistake. 잇 워즈 마이 미스테익

- 제 사과를 받아주세요.
  Please accept my apologies.
  플리이즈 어셉트 마이 어팔러지스

❺ 부탁

- 티켓 두 장 주세요.
  Two tickets, please. 투 티켓츠 플리이즈

- 부탁 하나 드려도 될까요?
  Could you do me a favor? 크쥬 두 미 어 페이버

- 물론이죠.
  Sure. 슈어 / Of course. 어브 코-스

- 죄송하지만, 여기서 담배피워도 될까요?
  Excuse me, can I smoke here?
  익스큐즈 미 캐나이 스모우크 히어

- 좀 도와주세요.
  Please help me. 플리이즈 헬프 미

- 들어가도 될까요?
  May I come in? 메아이 컴 인

- 도와주시겠어요?
  Could you give me a hand? 크쥬 김미 어 핸드

- 입어봐도 될까요?
  May I try it on? 메아이 추라이 잇 언

❻ 다시 물어보기

- 뭐라구요?
  Pardon? 파-든 / Excuse me? 익스큐즈 미

- 뭐라고 하셨지요?
  I beg your pardon? 아이 벡 유어 파-든

- 다시 말씀해 주실 수 있으세요?
  Could you say that again? 크쥬 세이 댓 어겐

- 그게 무슨 뜻이지요?
  What does it mean? 왓 더즈 잇 민

- 좀 천천히 말씀해 주십시오.
  Please speak more slowly. 플리이즈 스픽 모어 슬로울리

- 뭐라고 하셨습니까?
  What did you say? 왓 디쥬 세이

- 알겠습니까?
  Do you understand me? 두 유 언더스땐 미

- 정말이세요?
  Really? 리얼리

기본표현

❼ 대답

- 예. / 아니오.
  Yes. 예스 / No. 노우

- 알겠습니다.
  I see. 아이 씨 / I got it. 아이 갓 잇

- 저도 그렇게 생각합니다.
  I think so. 아 띵 소우

- 맞아요.
  You are right. 유 아 라잇

- 그거 좋아요.
  (That) sounds good! (댓) 싸운즈 굿

- 물론입니다.
  Sure. 슈어

- 좋은 생각이군요.
  That's a good idea. 댓츠 어 굿 아이디어

- 잠깐 생각해 보겠습니다.
  Let me think it over. 렛 미 띵크 잇 오버

출국 준비

1. 항공권 전화 예약
2. 항공권 직접 구입
3. 항공권 재확인
4. 항공권 취소 및 변경

❶ 항공권 전화 예약

비행기 예약을 하려고 합니다.
I'd like to reserve a flight.
아이드 라익 투 리저-브 어 플라잇

유용한 표현

- 유나이티드 항공사입니다. 무얼 도와드릴까요?
  United Airlines. May I help you?
  유나이티드 에어라인즈 메이 아이 헬프 유

- 뉴욕행 비행기 예약을 부탁합니다.
  I want to make a reservation to New York.
  아이 원투 메이커 레저베이션 투 뉴욕

- 내일 로스엔젤레스행 비행기 있나요?
  Do you have a flight to LA tomorrow?
  두 유 해브 어 플라잇 투 엘에이 투머로우

- 언제 떠나실 건가요?
  When are you leaving?
  웬 아 유 리-빙

- 공항에 몇 시까지 가야 합니까?
  What time do we have to be at the airport?
  왓 타임 두 위 해브 투 비 앳 디 에어포트

- 금요일 오후 비행기가 있습니까?

  Any flight on Friday afternoon?

  애니 플라잇 언 프라이데이 애프터눈

- 좌석 남은 것 있나요?

  Are there any seats left?

  아 데어 애니 씻츠 레프트

- 그걸로 하겠습니다.

  I will take it.

  아이 윌 테이크 잇

- 공항에서는 비행기 출발 한 시간 전에 체크인하기 바랍니다.

  Please be sure to check in at the airport one hour before your flight is scheduled to leave.

  플리즈 비 슈어 투 체크 인 앳 디 에어포트 원 아워 비포어 유어 플라잇 이즈 스케쥴드 투 리-브

출국 준비

 어 휘

· 예약하다	make a reservation	메이크 어 레저베이션
· 떠나다	leave	리-브
· ~해야만 한다	have to	해브 투
· 선택하다	take	테이크
· 비행기	flight	플라잇

직원	언제 출발하십니까? **What day would you like to leave?** 왓 데이 우쥬 라익 두 리-브
여행자	7월 20일이요. **I'd like to leave on July 20th.** 아이드 라익 투 리-브 언 줄라이 트웬티쓰
직원	성함을 알려주시겠습니까? **May I have your name?** 메아이 해브 유어 네임
여행자	김준호입니다. **Jun-ho Kim.** 준호 킴

세계 주요 항공사 코드

- 한국

KE	대한항공	Korean Air
OZ	아시아나 항공	Asiana Airlines

- 미국

AA	아메리칸 항공	American Airlines
CO	컨티넨탈 항공	Continental Airlines
DL	델타 항공	Delta Airlines
NW	노스웨스트 항공	Northwest Airlines
UA	유나이티드 항공	United Airlines

- 영국

BA	영국 항공	British Airways
VS	버진 아틀란틱 항공	Virgin Atlantic Airways

- 프랑스

AF	에어 프랑스	Air France
UT	UTA 프랑스 항공	UTA French Airlines

- 일본 / 중국

JD	일본 에어 시스템	Japan Air Systems	일본
JL	일본 항공	Japan Airlines	일본
NH	전일본공수	All Nippon Airways	일본
CA	중국 국제항공	Air China	중국

- 기타

NZ	뉴질랜드 항공	Air New Zealand	뉴질랜드
MH	말레이지아 항공	Malaysian Airlines	말레이지아
SQ	싱가폴 항공	Singapore Airlines	싱가폴
QF	콴타스 항공	Qantas Airways	오스트레일리아
CP	카나디언 항공	Canadian Airlines International	캐나다
TG	타이 국제항공	Thai Airways International	태국
PR	필리핀 항공	Philippine Airlines	필리핀
CX	캐세이 퍼시픽 항공	Cathey Pacific Airways	홍콩

출국 준비

❷ 항공권 직접 구입

7월 20일 로스엔젤레스행 비행기표를 부탁합니다.
A flight for LA on July 20th, please.
어 플라잇 포 엘에이 언 줄라이 트웨니쓰 플리이즈

유용한 표현

- 직행편으로 부탁합니다.
  A direct flight, please.
  어 다이렉트 플라잇 플리이즈

- 2등석으로 두 장 주세요.
  Two economy class seats, please.
  투 이코노미 클래스 씻츠 플리이즈

- 요금은 얼마인가요?
  How much is the charge?
  하우 머취 이즈 더 차쥐

- 예약금은 얼마입니까?
  How much is the deposit?
  하우 머취 이즈 더 디파짓

- 3장 구입할게요.
  I'd like to purchase three tickets, please.
  아이드 라익 투 퍼춰스 뜨리 티켓츠 플리이즈

- 신용카드로 계산하겠습니다.
  I'd like to pay by credit card.
  아이드 라익 투 페이 바이 크레딧 카드

- 티켓 여기 있습니다
  Here is your ticket.
  히어 이즈 유어 티켓

- 언제 어디서 항공권을 받을 수 있나요?
  When and where can I get the ticket?
  웬 앤 웨어 캐나이 겟 더 티켓

깜짝센스

창구에서는 일렬로 줄을 선다. 노약자나 장애자를 우선으로 하는 등 당연한 일을 하지 않으면 큰 창피를 당하게 된다.

식사 예절, 레이디 퍼스트 등의 매너와 공공 장소에서 질서있는 행동도 모두 매너이다.

어 휘

· 요금	charge	차-쥐
· 예약금	deposit	디파짓
· 구매하다	purchase	퍼춰스
· 지불하다	pay	페이
· 받다	get	겟

실용회화 Dialogue

여행자: 4장 구입하겠습니다.
I'd like to purchase four tickets, please.
아이드 라익 투 퍼춰스 포 티켓츠 플리이즈

직원: 4장에 5,000달러입니다.
That'll be $5,000 for four tickets.
댓윌 비 파이브 따우전 달러 포 포 티켓츠

여행자: 저녁에 출발하는 비행기가 있나요?
Is there a evening flight available?
이즈 데어 어 이브닝 플라잇 어베일러블

직원: 예, 있습니다.
Yes, there is.
예스 데어 이즈

미국의 20대 도시

미국의 대도시는 도시와 그 도시를 둘러싸고 있는 지역이 Metropolitan을 이룬다. 다음은 이러한 Metropolitan을 인구 순으로 정리한 것이다. 괄호 안의 숫자는 도시의 거주 인구이다. 1990년 조사인데, 도시의 인구 증가율은 큰 변동이 없으므로 참고하는 데 별 지장이 없을 것이다.

뉴욕(New York)	1731만 명(732만 명)
로스엔젤레스(Los Angeles)	1170만 명(348만 명)
시카코(Chicago)	784만 명(278만 명)
필라델피아(Philadelphia)	553만 명(159만 명)
샌프랜시스코(San Francisco)	539만 명(72만 명)
디트로이트(Detroit)	435만 명(103만 명)
보스턴(Boston)	417만 명(57만 명)
워싱턴(Washington D.C.)	381만 명(61만 명)
댈러스(Dallas)	361만 명(101만 명)
마이애미(Miami)	346만 명(36만 명)
휴스턴(Houston)	333만 명(163만 명)
애틀랜타(Atlanta)	262만 명(39만 명)
시애틀(Seattle)	257만 명(52만 명)
미네아폴리스(Minneapolis)	233만 명(37만 명)
세인트 루이스(St. Louis)	224만 명(40만 명)
샌디에고(San Diego)	216만 명(111만 명)
클레블랜드(Cleveland)	214만 명(51만 명)
피닉스(Phoenix)	212만 명(98만 명)
피츠버그(Pittsburgh)	206만 명(37만 명)
발티모어(Baltimore)	205만 명(74만 명)

❸ 항공권 재확인

다시 한 번 확인해 주세요.
Please check it again.
플리즈 첵 잇 어겐

유용한 표현

- 여보세요. 대한항공입니까?
  Hello. Is this Korean Airlines?
  헬로우 이즈 디스 코리언 에어라인즈

- 성함과 비행기 번호를 알려주십시오.
  Your name and flight number, please.
  유어 네임 앤 플라잇 넘버 플리즈

- 서울에서 예약해 두었습니다.
  I made a reservation in Seoul.
  아이 메이드 어 레저베이션 인 서울

- 몇 편 비행기입니까?
  What's the flight No.?
  왓츠 더 플라잇 넘버

- 출발일은 무슨 요일입니까?
  What day is your departure?
  왓 데이 이즈 유어 디파 춰

- 예약이 확인되었습니다.
  Your reservation has been confirmed.
  유어 레저베이션 해즈 빈 컨펌드

- 리스트에서 당신의 이름을 찾을 수가 없군요.
  I can't find your name on the list.
  아이 캔트 파인드 유어 네임 언 더 리스트

- 예약 재확인을 하고 싶습니다.
  Please reconfirm my reservation.
  플리즈 리컨펌 마이 레저베이션

- 몇 시에 체크인해야 합니까?
  At what time should I check in?
  앳 왓 타임 슈다이 체크인

 어 휘

· 확인하다	confirm	컨펌
· 재확인하다	reconfirm	리컨펌
· 출발	departure	디파-춰
· 리스트에	on the list	언 더 리스트
· 체크인하다	check in	체크 인

직원 언제 출발하시는지 말씀해 주십시오.
Please tell me your departure date.
플리이즈 텔 미 유어 디파-춰 데이트

여행자 이번 주 금요일입니다.
This Friday.
디스 프라이데이

여행자 제 이름이 리스트에 있습니까?
Is my name on the list?
이즈 마이 네임 언 더 리스트

직원 죄송하지만 이름을 찾을 수 없습니다.
I'm sorry. I can't find your name.
아임 쏘리 아이 캔트 파인드 유어 네임

여행자 몇 시에 체크인해야 하나요?
What time should I check in?
왓 타임 슈다이 체크인

직원 적어도 한 시간 전엔 체크인하십시오.
Please check-in at least one hour in advance.
플리이즈 체크인 앳 리스트 원 아워 인 어드밴스

항공권 관련어

- 여행사 — travel agent — 트레블 에이전트
- 항공사 — airline agent — 에어라인 에이전트
- 항공권 — passenger ticket — 패신저 티켓
- 탑승권 — boarding pass — 보-딩 패스
- 탑승 카운터 — boarding counter — 보-딩 카운터

- 예약 — reservation — 레저베이션
- 스케줄 — schedule — 스케줄
- 비행기 편명 — flight number — 플라잇 넘버
- 운임 — fare — 페어

- 편도 항공권 — one way ticket — 원 웨이 티켓
- 왕복 항공권 — round-trip ticket — 라운드 추립 티켓
- 1등석 — first class — 퍼스트 클래스
- 2등석 — economy class — 이코노미 클래스

출국 준비

④ 항공권 취소 및 변경

예약을 취소/변경해 주십시오.
I'd like to cancel/change my flight.
아이드 라익 투 캔슬/체인쥐 마이 플라잇

유용한 표현

- 유나이티드 항공사입니다. 무엇을 도와드릴까요?
  United Airlines. May I help you?
  유나이티드 에어라인즈 메이아이 헬프 유

- 오후 비행기로 바꾸고 싶은데요.
  I want to change to an afternoon flight.
  아이 원투 체인쥐 투 언 애프터눈 플라잇

- 다음 비행편 좌석을 구할 수 있을까요?
  Can I get a seat on the next flight?
  캐나이 겟 어 씻 언 더 넥스트 플라잇

- 가능하면 빨리 출발하고 싶습니다.
  I want to leave as soon as possible.
  아이 원투 리-브 애즈 순 애즈 파서블

- 하루 늦게 출발하고 싶습니다.
  I'd like to leave one day later.
  아이드 라익 투 리-브 원 데이 레이러

비행기 타기

1. 탑승 안내
2. 좌석 찾기
3. 기내 서비스
4. 기내 쇼핑
5. 기내 서비스 요청
6. 입국 신고서 작성
7. 환승

❶ 탑승 안내

20번 게이트는 어디입니까?
Where is the gate 20?
웨어 이즈 더 게이트 트웨니

유용한 표현

- 탑승 수속은 어디서 합니까?
  Where can I check in?
  웨어 캐나이 체크인

- 노스웨스트 항공사 카운터는 어디인가요?
  Where is the Northwest Airlines counter?
  웨어 이즈 더 노스웨스트 에어라인즈 카운터

- 몇 번 게이트로 가야 합니까?
  Which gate should I go to?
  위치 게이트 슈다이 고우 투

- 탑승시간은 몇 시입니까?
  What is the boarding time?
  왓 이즈 더 보-딩 타임

- 탑승은 언제 시작됩니까?
  When does boarding begin?
  웬 더즈 보-딩 비긴

- 면세점은 어디에 있나요?

  Where are the duty-free shops?

  웨어 아 더 듀티 프리 샵스

- 비행기가 연착되나요?

  Is the flight delayed?

  이즈 더 플라잇 딜레이드

- 비행기가 왜 연착되나요?

  Why is the flight delayed?

  와이 이즈 더 플라잇 딜레이드

- 얼마나 지연됩니까?

  How long is it delayed?

  하우 롱 이즈 잇 딜레이드

- 탑승권을 보여주세요.

  Boarding pass, please.

  보-딩 패스 플리이즈

- 통과요금은 얼마인가요?

  How much is the excess baggage charge?

  하우 머치 이즈 디 엑쎄스 베기쥐 차-쥐

- 이곳에 언제 다시 와야 하나요?

  When should I be back here?

  웬 슈다이 비 백 히어

비행기 타기

여행자	언제 출발합니까? **What time will we depart?** 왓 타임 윌 위 디파-트
카운터	지금부터 약 15분 후에 출발합니다. **It will depart about fifteen minutes from now.** 잇 윌 디파-트 어바웃 피프틴 미닛츠 프롬 나우
카운터	짐이 있습니까? **Do you have baggage?** 두 유 해브 배기쥐
여행자	짐은 전부 2개입니다. **I have two pieces of baggage.** 아이 해브 투 피쉬즈 어브 배기쥐
카운터	비행기표를 보여주시겠습니까? **Let me see your ticket, please.** 렛미 씨 유어 티켓 플리이즈
여행자	여기 있습니다. **Here you are.** 히어 유 아

탑승 관련어

· 공항	airport	에어포트
· 국내선	domestic service	도메스틱 서비스
· 국제선	international service	인터내셔널 서비스
· 국제공항	international airport	인터내셔널 에어포트
· 항공사 카운터	airline counter	에어라인 카운터
· 기내반입 수화물	carry-on-baggage	캐리 언 배기쥐
· 대합실	waiting room	웨이팅 룸
· 분실물 취급소	lost and found	로스트 앤 파운드
· 세관 검사	customs inspection	커스텀즈 인스펙션
· 검역	quarantine	쿼런틴
· 공항세	airport tax	에어포트 텍스
· 수화물	baggage/luggage	배기쥐/러기쥐
· 안내소	information center	인포메이션 센터
· 예방주사 증명서	yellow card	옐로우 카드
· 인환증	claim tag	클레임 택
· 입국관리	immigration	이미그레이션
· 입국카드	disembarkation card	디젬바케이션 카드
· 출국카드	embarkation card	임바케이션 카드
· 좌석번호	seat number	씨잇 넘버
· 여권검사	passport control	패스포트 컨트롤
· 출발지	port of departure	포트 어브 디파-춰
· 도착지	port of arrival	포트 어브 어라이벌
· 탑승구	boarding gate	보-딩 게이트
· 발착 일람표	schedule board	스케줄 보-드

비행기 타기

❷ 좌석 찾기

제 자리는 어디입니까?
Where is my seat?
웨어 이즈 마이 씨잇

유용한 표현

- 제 자리번호는 38의 G입니다.
  My seat number is 38G.
  마이 씨잇 넘버 이즈 떠리에잇쥐

- C 24열은 어디입니까?
  Where is C24?
  웨어 이즈 씨 트웨니포

- 창가측 좌석이 제 자리입니다.
  The window seat is mine.
  더 윈도우 씨잇 이즈 마인

- 제 자리인 것 같은데요.
  Excuse me, this is my seat.
  익스큐즈 미 디스 이즈 마이 씨잇

- 흡연석/금연석으로 옮기고 싶습니다.
  I'd like to move to a smoking/non-smoking seat.
  아이드 라익 투 무브 투 어 스모우킹/넌스코우킹 씨잇

- 통로측/창가측 좌석을 원합니다.
  I'd like an aisle seat/a window seat.
  아이드 라이크 언 아이얼 씨잇/어 윈도우 씨잇

- 여기에 앉아도 됩니까?
  May I sit here?
  메아이 씻 히어

- 지나가도 될까요?
  May I get through?
  메아이 겟 쓰로우

- 안으로 들어가도 되나요?
  May I go in?
  메아이 고우 인

- 보통석은 저쪽입니다.
  Economy class is that way.
  이코노미 클래스 이즈 댓 웨이

 어휘

좌석	seat	씨잇
~하고 싶다	would like to ~	우드 라익 투
지나가다	get through	겟 쓰로우
(벨트를) 조이다	fasten	패슨
놓다	put	풋

승무원	이쪽으로 오세요. 손님 좌석은 오른쪽 복도측입니다. Please come this way. Your seat is right over there on the aisle. 플리이즈 컴 디스 웨이 유어 씨잇 이즈 라잇 오버 데어 언 디 아이얼
승객	고맙습니다. Thank you. 땡큐
승무원	흡연석을 원하십니까, 금연석을 원하십니까? Smoking or non-smoking? 스모우킹 오어 넌스모우킹
승객	흡연석 창측 좌석으로 주십시오. Smoking, and I would like a window seat, please. 스모우킹 앤 아이 우드 라이크 어 윈도우 씻 플리이즈

객실 Cabin

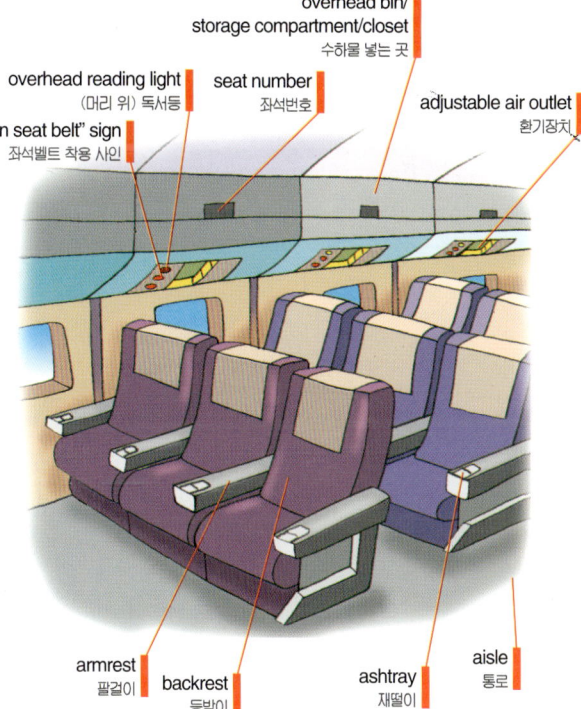

- overhead bin/storage compartment/closet 수하물 넣는 곳
- overhead reading light (머리 위) 독서등
- "fasten seat belt" sign 좌석벨트 착용 사인
- seat number 좌석번호
- adjustable air outlet 환기장치
- armrest 팔걸이
- backrest 등받이
- ashtray 재떨이
- aisle 통로

비행기 타기

기내 관련어

구명동의	life jacket	라이프 재킷
담요	blanket	블랭킷
멀미 봉투	airsickness bag	에어씨크니스 백
베개	pillow	필로우
산소마스크	oxygen mask	악씨전 매스크
재떨이	ashtray	애쉬트레이
기내선반	overhead shelf	오버헤드 셸프
(머리 위) 독서등	overhead reading light	오버헤드 리딩 라잇
안전벨트	seat belt	씻 벨트
좌석	seat	씨잇
호출 버튼	attendant call button	어텐던트 콜 버튼
화장실	lavatory	래버토리
기장	captain	캡틴
승무원	crew	크루
남승무원	steward	스트워드
여승무원	stewardess	스트워디스

- 기내에서는 금연입니다.
  This is a nonsmoking flight.
  디스 이즈 어 넌스모우킹 플라잇

- 승객 여러분, 곧 출발합니다.
  Ladies and gentleman. We will be departing soon.
  레이디즈 앤 젠틀먼 위 윌 비 디파-팅 순

- 기장이 "안전벨트를 매시오" 신호를 켰습니다.
  The captain has turned on the "fasten seat belt" sign.
  더 캡틴 해즈 턴드 언 더 패슨 씻 벨트 싸인

- 현재 비행 고도는 3만 피트입니다.
  Our cruising altitude is 30,000 feet.
  아우어 크루이징 앨티투드 이즈 떠리 싸우전드 피트

- 곧 이륙하겠습니다.
  We will be taking off shortly.
  위 윌 비 테이킹 어프 쇼틀리

- 지연되어 죄송합니다.
  We apologize for the delay.
  위 어팔러자이즈 포 더 딜레이

- 다시 모시길 바랍니다.
  We look forward to serving you again.
  위 룩 포워드 투 서빙 유 어겐

- 특별히 필요한 것이 있는 승객분은 기내 승무원에게 알려주시기 바랍니다.
  If there are any passengers on board who have special need, please notify our cabin crew.
  이프 데어 아 애니 패슨저스 언 보-드 후 해브 스페셜 니드 플리이즈 노티파이 아우어 캐빈 크루

- 이륙하기 전에 약간의 지체가 있겠습니다.
  There's going to be a slight delay before we can take off.
  데어즈 고잉 투 비 어 슬라잇 딜레이 비포어 위 캔 테이크 어프

❸ 기내 서비스

커피 좀 주세요.
Coffee, please.
커피 플리즈

음료수 주문

- 음료수 좀 주세요.
  Drink(Beverage), please.
  드링크(비버리쥐) 플리즈

- 커피는 어떻게 드시겠어요?
  How would you like your coffee?
  하우 우쥬 라이크 유어 커피

- 설탕만 넣어 주세요.
  Just sugar, please.
  저스트 슈거 플리즈

- 설탕과 크림 좀 가져다 주시겠어요?
  Would you bring some cream and sugar, please?
  우쥬 브링 썸 크림 앤 슈거 플리즈

- 한 잔 더 주세요.
  Another one, please.
  어나더 원 플리즈

🛫 기내 식사

- 쇠고기 요리로 주세요.
  Beef, please.
  비프 플리즈

- 좌석을 제 위치로 돌려주십시오.
  Please return your seat to the upright position.
  플리즈 리턴 유어 씻 투 디 업롸잇 포지션

- 저녁식사는 무엇인가요?
  What's for dinner?
  왓츠 포 디너

- 저녁식사는 언제 나오나요?
  When will dinner be served?
  웬 윌 디너 비 서-브드

- 저녁식사를 나중에 해도 됩니까?
  Can I take my dinner later?
  캐나이 테이크 마이 디너 레이러

- 지금은 배가 고프지 않습니다.
  I'm not hungry now.
  아임 낫 헝그리 나우

- 식사는 필요 없습니다.
  I don't want any food.
  아이 돈 원트 애니 푸드

승무원	커피로 드시겠습니까, 홍차로 드시겠습니까? **Coffee or tea?** 커피 오어 티
승객	홍차로 주세요. **Tea, please.** 티 플리즈
승객	어떤 음료수가 있나요? **What kind of beverage do you have?** 왓 카인드 어브 비버리쥐 두 유 해브
승무원	커피, 홍차, 오렌지 주스가 있습니다. **We have coffee, tea and orange juice.** 위 해브 커피 티 앤 오린쥐 주스
승무원	쇠고기와 생선요리 중 어느 것으로 하시겠습니까? **Which would you prefer, beef or fish?** 위치 우쥬 프리퍼 비프 오어 피쉬
승객	생선요리로 주세요. **Fish, please.** 피쉬 플리즈

승객	저녁식사는 무엇인가요? **What's for dinner?** 왓츠 포 디너
승무원	오믈렛과 닭고기입니다. **Omelet and chicken are available.** 오믈릿 앤 취큰 아 어베일러블
승무원	식사 끝나셨습니까? **Have you finished (your meal)?** 해브 유 피니쉬드 (유어 밀)
승객	네, 잘 먹었어요. 고마워요. **Yes, I enjoyed it. Thank you.** 예스 아이 인조이드 잇 땡큐

비행기타기

④ 기내 쇼핑

향수 좀 보여주십시오.
Please show me some perfume.
플리이즈 쇼우 미 썸 퍼퓸

유용한 표현

- 면세품을 살 수 있나요?
  Duty free, now?
  듀티 프리 나우

- 다른 종류도 있나요?
  Do you have any others?
  두 유 해브 애니 아더스

- 얼마나 할인됩니까?
  How much is it discounted?
  하우 머취 이즈 잇 디스카운티드

- 제일 인기 있는 제품은 뭡니까?
  What's the most popular product?
  왓츠 더 모스트 팝퓰러 프로덕트

- 더 싼 것은 없나요?
  Do you have a cheaper one?
  두 유 해브 어 칩퍼 원

- 이것으로 할게요.
  I'll take this.
  아일 테이크 디스

- 비자카드/여행자수표로 계산할 수 있나요?
  Do you take VISA card/traveler's checks?
  두 유 테이크 비자 카-드/추레불러스 첵스

- 현금이나 신용카드 모두 됩니다.
  We accept cash or credit card.
  위 어셉트 캐쉬 오어 크레딧 카드

- 한국 돈으로 내도 됩니까?
  Can I pay in Korean currency?
  캐나이 페이 인 코리언 커런시

비행기 타기

 어휘

향수	perfume	퍼퓸
면세품	duty free	듀티 프리
할인하다	discount	디스카운트
인기있는	popular	팝퓰러
받다	accept	어셉트
통화(돈)	currency	커런시

승객 면세품을 팝니까?
Do you sell duty-free items?
두 유 셀 듀티프리 아이텀즈

승무원 네. 물론입니다.
Yes, of course.
예스 어브 코스

승객 말보로 라이트 있습니까?
Do you have Marlboro Light?
두유 해브 말버러 라이트

승무원 예. 있습니다. 몇 개 드릴까요?
Yes, we have. How many cartons would you like?
예스 위 해브 하우 매니 카튼즈 우쥬 라이크

승객 한 보루 주세요. 얼마죠?
One carton, please. How much do I owe you?
원 카튼 플리이즈 하우 머취 두 아이 오우 유

승무원 9달러입니다.
Nine dollars, sir.
나인 달러즈 써

기내식 관련어

· 음료	beverage	비버리쥐
· 음료수	drinking water	드링킹 워러
· 커피	coffee	커피
· 홍차	tea	티이
· 녹차	green tea	그린 티이
· 주스	juice	쥬스
· 맥주	beer	비어
· 위스키	whiskey	위스키
· 백포도주	white wine	와잇 와인
· 적포도주	red wine	레드 와인
· 얼음	ice cubes	아이스 큐브스
· 디저트	dessert	디저-트
· 유료	charge / pay	차-쥐 / 페이
· 무료	no charge	노우 차-쥐
· 식사	meal	미일
· 닭고기	chicken	취큰
· 돼지고기	pork	포-크
· 쇠고기	beef	비프

비행기타기

❺ 기내 서비스 요청

멀미가 납니다.
I feel sick.
아이 필 씩

 멀미

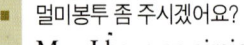

- 멀미봉투 좀 주시겠어요?
  May I have an airsickness bag?
  메아이 해브 언 에어씩크니스 백

- 소화제/아스피린 좀 주세요.
  Some digestive medicine/aspirin, please.
  썸 다이제스티브 매러슨/아스피린 플리즈

- 찬 물수건 좀 주시겠어요?
  Can I have a cold towel?
  캐나이 해브 어 코울드 타월

- 물 한 컵 갖다 주세요.
  And a glass of water, please.
  앤드 어 글래스 어브 워러 플리즈

- 좀 춥군요./덥군요.
  I'm a little cold/hot.
  아임 어 리를 코울드/핫

🛩 기내 불편사항

- 의자를 젖혀도 될까요?

  Can I recline my seat?

  캔아이 리클라인 마이 씨잇

- 저 사람들이 너무 시끄럽게 해서 잘 수 없어요.

  I can't sleep because that group is so noisy.

  아이 캔트 슬립 비코우즈 댓 그룹 이즈 소우 노이지

- 내 뒤에 있는 사람이 자꾸 발로 차네요.

  The person behind me is kicking the back of my seat.

  더 퍼슨 비하인드 미 이즈 킥킹 더 백 어브 마이 씻

- 애들이 장난이 심하군요.

  The kids are running around.

  더 키즈 아 러닝 어롸운드

- 화장실이 막혔습니다.

  The toilet is stopped up.

  더 토일릿 이즈 스탑트 업

- 자리를 바꾸고 싶어요.

  May I change my seat?

  메아이 체인쥐 마이 씻

- 앞 의자가 너무 뒤쪽으로 젖혀져 있는데요.

  Excuse me, this seat is too far back.

  익스큐즈 미 디스 씻 이즈 투 파 백

비행기타기

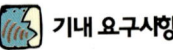 **기내 요구사항**

- 한국어로 된 잡지가 있나요?
  Do you have any Korean magazines?
  두 유 해브 애니 코리언 매거진-즈

- 베개와 담요를 주세요.
  Can I have a pillow and a blanket?
  캐나이 해브 어 필로우 앤 어 블랭킷

- 무료입니까?
  Free of charge?
  프리 어브 차-쥐

- 영화는 몇 번에서 합니까?
  Which channel is the movie on?
  위치 채널 이즈 더 무비 언

- 신문이나 잡지 보시겠습니까?
  Would you like a newspaper or a magazine, sir?
  우쥬 라이크 어 뉴스페이퍼 오어 어 매거진 써

- 다른 잡지는 없나요?
  Do you have other magazines?
  두 유 해브 아더 매거진즈

- 모포 한 장 더 주시겠어요?
  May I have an extra blanket?
  메아이 해브 언 엑스추라 블랭킷

- 영화는 어느 채널에서 하나요?
  Which channel is the movie on?
  위치 채널 이즈 더 무비 언

- 잡지를 보여주시겠어요?
  May I have a magazine?
  메아이 해브 어 매거진

- 한국신문을 읽고 싶어요.
  Korean newspaper, please!
  코리언 뉴스페이퍼 플리이즈

 어 휘

가져오다	bring	브링
기분이 나아지다	feel better	필 베러
조금	a little	어 리를
참다	stand	스땐드
자다	sleep	슬립
발로 차다	kick	킥
(라디오, TV 등이) 켜지다	turn on	턴 언
시끄러운	noisy	노이지
베개	pillow	필로우
담요	blanket	블랭킷
잡지	magazine	매거진
여분의	extra	엑스추라

비행기타기

승객	토할 것 같아요. 멀미 봉투 어디 있나요? **I think I'm going to be sick. Where is the airsickness bag?** 아이 띵크 아임 고잉 투 비 씩 웨어 이즈 디 에어씩크니스 백
승무원	좌석 주머니 안에 있습니다. **There's one in the seat pouch.** 데어즈 원 인 더 씻 파우치
승객	찬 물수건 좀 주시겠어요? **Cold towel, please.** 코올드 타월 플리이즈
승무원	잠깐만 기다리세요. **Wait a moment, please.** 웨잇 어 모우먼트 플리이즈
승객	속이 안 좋은데 약 좀 주세요. **I feel bad. Please give me some medicine.** 아이 필 배드 플리이즈 김미 썸 메러슨
승무원	알겠습니다. **Certainly, sir.** 써트니 써

승객	베개 하나 더 주시겠어요? **Can I have one more pillow?** 캐나이 해브 원 모어 필로우
승무원	네, 잠시만 기다리세요. **Sure. Just a moment, please.** 슈어 저스트 어 모우먼트 플리이즈
승객	신문 좀 주시겠어요? **Can I have a newspaper?** 캐나이 해브 어 뉴스페이퍼
승무원	네, 여기 있습니다. **Yes, here you are.** 예스 히어 유 아
승객	서울과 뉴욕의 시차는 얼마입니까? **What's the time difference between Seoul and New York?** 왓츠 더 타임 디퍼런스 비튄 서울 앤 뉴욕
승무원	14시간입니다. **There's a 14 hour's difference.** 데어즈 어 포틴 아워즈 디퍼런스

비행기타기

❻ 입국 신고서 작성

좀 봐주시겠어요?
Will you check it?
윌 유 체크 잇

출입국신고서 ▼

 유용한 표현

- 입국 신고서를 작성해 주십시오.
  Please fill out this form.
  플리즈 필 아웃 디스 폼

- 여기에 무엇을 써야 합니까?
  What should I write here?
  왓 슈다이 롸잇 히어

- 이 양식을 쓰는 법을 가르쳐 주시겠어요?
  Please show me how to fill in this form.
  플리즈 쇼우 미 하우 투 필 인 디스 폼

- 제 입국 신고서를 좀 봐주시겠어요?
  Will you please check my disembarkation card?
  윌 유 플리즈 체크 마이 디젬바케이션 카-드

- 입국 신고서는 어떻게 쓰는 건가요?
  How can I fill out an embarkation card(entry card)?
  하우 캐나이 필 아웃 언 엠바케이션 카-드(엔트리 카-드)

입국카드 / 세관 신고서에 나오는 영어

- 성   Family name
- 이름   First name
- 결혼 전 성   Maiden
- 국적   Country of Citizenship
- 직업   Occupation
- 여권번호   Passport or alien Registration Number
- 연락처   Address in the Country
- 이용 항공회사
  이름과 편명   Airline and Flight No.
- 탑승지   Passenger Boarded at
- 거주국   Resident of Country
- 현주소   Number, Street, City, Province and country of
- 출생 연월일   Month, Day and Year of Birth
- 출생지   City, Province and country of Birth
- 비자발생지   Visa Issued at
- 서명   Signature
- 비자 발행일   Month, Day and Year Visa Issued
- 동행자 유무   Name and Relationship of accompanying Family

세관신고서 ▶

❼ 환승

환승 카운터는 어디에 있나요?
Where is the transfer counter?
웨어 이즈 더 트랜스풔 카운터

유용한 표현

- 제가 탈 비행기편은 어디서 확인할 수 있나요?
  Where can I confirm my flight?
  웨어 캐나이 컨펌 마이 플라잇

- 어디에서 갈아탑니까?
  Where can I transfer?
  웨어 캐나이 트랜스풔

- 이 비행기로 바꿔 타고 싶습니다.
  I want to take this flight.
  아이 원투 테이크 디스 플라잇

- 언제 탑승합니까?
  When do we board?
  웬 두 위 보-드

- 여기에서 얼마나 기다려야 합니까?
  How long will we stop here?
  하우 롱 윌 위 스탑 히어

- 비행기를 놓쳤습니다.
  I missed my flight.
  아이 미스트 마이 플라잇

- 통과카드를 잃어버렸습니다.
  I lost my transit pass.
  아이 로스트 마이 트랜짓 패스

- 통과 고객이십니까?
  Are you a transit passenger, sir?
  아 유 어 트랜짓 패슨저 써

- 저는 마이애미로 가는 통과승객입니다.
  I'm a transit passenger to Miami.
  아임 어 트랜짓 패슨저 투 마이애미

- 좌석 아래에 가방을 놓아도 됩니까?
  May I leave my bags under my seat?
  메아이 리-브 마이 백스 언더 마이 씻

비행기타기

 어 휘

· 갈아타다	transfer	트랜스풔
· 놓치다	miss	미스
· 통과 승객	transfer passenger	트랜스풔 패슨저
· 통과 카드	transit pass	트랜짓 패스

직원 갈아타실 비행기는 어떤 비행기입니까?
What is your connecting flight?
왓 이즈 유어 커넥팅 플라잇

여행자 노스웨스트 409편입니다.
Northwest Flight 409.
노쓰웨스트 플라잇 포 오 나인

여행자 제 짐은 어떻게 됩니까?
What should I do with my checked baggage?
왓 슈다이 두 위드 마이 체크트 배기쥐

직원 그것은 자동으로 귀하의 연결편으로 이송됩니다.
It will be automatically transferred to your next flight.
잇 윌 비 오토메티컬리 트랜스퍼드 투 유어 넥스트 플라잇

여행자 이 공항에서 얼마나 기다려야 합니까?
How long will we stop here?
하우 롱 윌 위 스탑 히어

직원 약 1시간 정도입니다.
About an hour, sir.
어바웃 언 아우어 써

도착

1. 입국 심사
2. 세관 검사
3. 수화물 찾기
4. 환전
5. 호텔로 이동

❶ 입국 심사

입국 목적은 무엇입니까?
What is the purpose of your visit?
왓 이즈 더 퍼포즈 어브 유어 비짓

유용한 표현

- 관광입니다. / 영어공부입니다.
  Sightseeing. / To study English.
  싸잇싱 / 투 스터디 잉글리쉬

- 직업은 무엇입니까?
  What is your occupation?
  왓 이즈 유어 아큐페이션

- 보딩패스를 보여주시겠어요?
  May I see your boarding pass, please?
  메아이 씨 유어 보딩 패스 플리이즈

- 돈은 얼마를 갖고 있습니까?
  How much money do you have?
  하우 머취 머니 두 유 해브

- 돌아갈 티켓은 갖고 있습니까?
  Do you have a return ticket?
  두 유 해브 어 리턴 티켓

- 어디에서 머무르실 겁니까?

  Where are you staying?
  웨어 아 유 스테잉

- 호텔은 예약하셨나요?

  Did you reserve a hotel room?
  디쥬 리저브 어 호텔 룸

- 얼마나 머무르실 겁니까?

  How long will you stay?
  하우 롱 윌 유 스테이

- 이 곳에 친척은 있습니까?

  Do you have a relative in here?
  두 유 해브 어 렐러티브 인 히어

◀ 입국카드

도 착

어 휘

· 목적	purpose	퍼포즈
· 관광	sightseeing	싸잇싱
· 직업	occupation	아큐페이션
· 머물다	stay	스떼이
· 친척	relative	렐러티브

입국 심사관	어디서 오셨습니까? **Where are you from?** 웨어 아 유 프롬
여 행 자	한국에서 왔습니다. **I'm from Korea.** 아임 프럼 코리아
입국 심사관	어떤 직종에 종사하시나요? **What kind of business are you in?** 왓 카인더브 비즈니스 아 유 인
여 행 자	무역회사에서 일하고 있습니다. **I'm working in a trading company.** 아임 워킹 인 어 트레이딩 컴퍼니
입국 심사관	결혼은 하셨습니까? **Are you married?** 아 유 메리드
여 행 자	아니오. 미혼입니다. **No, I'm single.** 노우 아임 싱글

입국 관련어

- 여행자 — traveler — 추래블러
- 관광 — sightseeing — 싸잇싱
- 왕복표 — return ticket — 리턴 티켓
- 식물검사 — inspection of plants — 인스펙션 어브 플랜츠
- 관세법 — customs duty — 커스텀즈 듀티

- 면세품 — tax-free article — 택스 프리 아티클
- 반입 금지품 — prohibited article — 프로히비티드 아티클
- 신변용품 — personal effects — 퍼스널 이펙츠
- 개인 소유물 — personal property — 퍼스널 프로퍼티
- 세관직원 — customs officer — 커스텀즈 오피서

- 짐수레 — baggage cart — 배기쥐 카-트
- 신고하다 — declare — 디클레어

도 착

❷ 세관 검사

디지털 카메라를 신고하려고 합니다.
I'd like to declare a digital camera.
아이드 라익 투 디클레어 어 디지털 캐므러

 유용한 표현

- 가방을 열어주시겠습니까?
  Would you open your bag?
  우쥬 오픈 유어 백

- 짐을 보여주십시오.
  Please show me your baggage.
  플리이즈 쇼우 미 유어 배기쥐

- 신고할 물건이 하나도 없습니다.
  I don't have anything to declare.
  아돈 해브 애니띵 투 디클레어

- 이것이 클레임 택입니다.
  This is my claim tag.
  디스 이즈 마이 클레임 택

- 세금을 내야 합니까?
  Do I have to pay customs tax?
  두 아이 해브 투 페이 커스텀즈 텍스

- X선 검사는 하지 마세요.
  Please don't x-ray!
  플리이즈 돈 엑스 레이

- 식물이나 동물이 있습니까?
  Do you have any plants or animals with you?
  두 유 해브 애니 플랜츠 오어 애니멀즈 위드 유

- 손으로 살펴 주세요.
  Hand check, please!
  핸드 체크 플리이즈

- 그 영수증을 주시겠어요?
  May I have a receipt for it?
  메아이 해브 어 리시트 포 잇

- 이 짐을 보세 취급해 주세요.
  Please keep this baggage in bond.
  플리이즈 킵 디스 배기쥐 인 본드

- 가방을 닫으십시오.
  Shut your bag.
  셧 유어 백

- 됐습니다. 좋은 시간 보내십시오.
  OK. Have a nice day.
  오케이 해버 나이스 데이

세관 신고 품목

- **신고에서 제외되는 대상**: 일반적 개인용 휴대품

- **신고 품목 (미국)**: 귀금속 등과 같은 사치품, 고급 카메라, 새로 구입한 물건과 선물, 음식물, 동물, 농산물 등

- **현금**: 1만 불 이상 소지할 경우는 반드시 신고

도착

세관원	신고할 것은 있습니까? **Do you have anything to declare?** 두 유 해브 애니띵 투 디클레어
여행자	예, 위스키 한 병이 있습니다. **Yes, I have one bottle of whiskey.** 예스 아이 해브 원 바틀 어브 위스키
세관원	안에는 뭐가 있나요? **What is in it?** 왓 이즈 인 잇
여행자	개인 소지품밖에 없어요. **Personal effects only.** 퍼스널 이펙츠 온니
세관원	과일이나 채소가 있습니까? **Do you have any fruits or vegetables?** 두 유 해브 애니 프룻츠 오어 베지터블스
여행자	없습니다. **No, I don't.** 노우 아이 돈트

세관원	이것은 무엇입니까? **What's this for?** 왓츠 디스 포
여행자	제 친구에게 줄 선물입니다. **It's a present for my friend.** 잇츠 어 프레즌트 포 마이 프렌드
세관원	이게 전부입니까? **Is this all you have?** 이즈 디스 올 유 해브
여행자	신고할 것은 그게 전부입니다. **That's all declare.** 댓츠 올 디클레어
세관원	얼마짜리인가요? **What's the value?** 왓츠 더 밸루
여행자	10달러 정도에요. **About 10 dollars.** 어바웃 텐 달러즈

도착

❸ 수화물 찾기

제 가방을 못 찾았는데요.
I couldn't find my luggage.
아이 쿠든트 파인드 마이 러기쥐

 유용한 표현

- 수하물 수취대는 어디 있습니까?
  Where's the baggage claim?
  웨어즈 더 배기쥐 클레임

- 제 짐을 찾아주시겠어요?
  Can you find my baggage?
  캔유 파인드 마이 배기쥐

- 수하물 보관증이 있습니까?
  Do you have a claim tag for your baggage?
  두 유 해브 어 클레임 택 포 유어 배기쥐

- 짐을 찾으면 연락해 주시겠어요?
  Please call me when you find my baggage.
  플리이즈 콜 미 웬 유 파인드 마이 배기쥐

- 어디서 짐을 받을 수 있나요?
  Where can I get my baggage?
  웨어 캐나이 겟 마이 배기쥐

■ 어떤 짐인가요?
What does it look like?
왓 더즈 잇 룩 라이크

■ 제 짐이 아닌데요.
This is not mine.
디스 이즈 낫 마인

■ 가방이 똑같아서 제가 실수했네요.
I made a mistake, because they looked the same.
아이 메이드 어 미스테익 비코우즈 데이 룩트 더 세임

도 착

수화물 관련어

· 수하물(영)	luggage	러기쥐
· 수하물(미)	baggage	배기쥐
· 수탁증(클레임택)	deposit receipt	디파짓 리씨트
· 이름표	name-plate	네임 플레이트
· 여행가방	suitcase	수트케이스
· 서류가방	brief case	브리프 케이스
· 귀중품	valuables	밸루어블스
· 짐수레	cart	카트
· (하물의) 내용물	contents	컨텐츠
· 연락처	contact address	컨텍트 어드레스
· 분실	loss	로스
· 파손	damage	데미쥐

❹ 환전

이것을 달러로 바꿔주십시오.
Exchange this into dollars, please.
익스체인쥐 디스 인투 달러즈 플리즈

유용한 표현

1센트 penny　5센트 nickel　10센트 dime

25센트 quarter　100센트 1dollar

- 100달러만 환전해 주세요.
  I'd like to change $100.
  아이드 라익 투 체인쥐 원 헌드렛 달러즈

- 돈을 바꿔 주세요.
  Change, please.
  체인쥐 플리이즈

- 환전소는 어디 있나요?
  Where is the money exchange?
  웨어 이즈 더 머니 익스체인쥐

- 어디서 돈을 바꿀 수 있습니까?
  Excuse me, where can I change money?
  익스큐즈 미 웨어 캐나이 체인쥐 머니

- 일요일에도 영업하는 은행이 있습니까?
  Is there any bank open on Sundays?
  이즈 데어 애니 뱅크 오픈 언 썬데이즈

- 원화를 달러로 바꿔주십시오.
  Please change Korean won into US dollars.
  플리즈 체인쥐 코리언 원 인투 유에스 달러즈

- 환율은 어떻게 됩니까?
  What's the exchange rate?
  왓츠 디 익스체인쥐 레이트

- 환전 수수료는 얼마입니까?
  How much is the exchange commission?
  하우 머취 이즈 디 익스체인쥐 커미션

- 여행자수표를 현금으로 바꿔주세요.
  I'd like to cash some traveler's checks.
  아이드 라익 투 캐쉬 썸 추래블러스 첵스

- 잔돈도 섞어주세요.
  Please mix some small change.
  플리즈 믹스 썸 스몰 체인쥐

도 착

 어 휘

· 환전하다	exchange	익스체인쥐
· 수수료	commission	커미션
· 현금	cash	캐쉬
· 여행자 수표	traveler's checks	추래블러스 첵스
· 잔돈	change	체인쥐

직원	어떻게 바꿔드릴까요? **How would you like?** 하우 우쥬 라이크
여행자	10달러짜리 4장과 나머지는 1달러짜리로 주십시오. **4 tens, rest one dollar bills.** 포 텐스 레스트 원 달러 빌스

직원	얼마를 바꿔드릴까요? **How much do you want to exchange?** 하우 머취 두 유 원투 익스체인쥐
여행자	8만원이요. **It's 80,000 won.** 잇츠 에잇티 따우전 원

직원	현금으로 드릴까요, 수표로 드릴까요? **Cash or check?** 캐쉬 오어 체크
여행자	현금으로 주십시오. **Cash, please.** 캐쉬 플리이즈

환전 관련어

한국어	영어	발음
· 환전소	money exchange	머니 익스체인쥐
· 환전률	exchange rate	익스체인쥐 레이트
· 창구	counter	카운터
· 잔돈	small change	스몰 체인쥐
· 지폐	bill	빌
· 주화	coin	코인
· 여행자 수표	traveler's checks	추래블러스 첵스
· 서명	signature	시그너춰
· 통화	currency	커런시
· 바꾸다	change	체인쥐
· 달러	dollar	달러
· 유로	Euro	유로
· 파운드	pound	파운드

환전시 주의 사항

1. 철저한 계획을 세워 경비가 남거나 부족하여 추가 환전을 하지 않도록 한다.
2. 동전은 재환전되지 않기 때문에 가능하면 동전을 먼저 지출하여 동전이 남지 않도록 한다.
3. 환전을 하고 나면 계산기로 환율과 받은 금액을 반드시 확인해 본다.
4. 세계환율표를 만들어 가지고 다니면 여행경비를 조금이라도 줄일 수 있으며, 물가와 비교할 수 있어 경비의 계획성 있는 지출이 가능하다.
5. 여행자수표 환전시 사인은 직원이 보는 데서 하고 다른 사람에게 양도하지 않는다.

❺ 호텔로 이동

공항버스는 어디에서 탑니까?
Where can I take an airport bus?
웨어 캐나이 테익 언 에어포트 버스

유용한 표현

- 시내로 가는 버스가 있습니까?

  Is there a bus to the city?
  이즈 데어 어 버스 투 더 시티

- 호텔까지 어떻게 갑니까?

  How can I get to the hotel?
  하우 캐나이 겟 투 더 호텔

- 어떻게 가면 됩니까?

  How can I go there?
  하우 캐나이 고우 데어

- 호텔까지 몇 분 걸립니까?

  How long does it take to go to the hotel?
  하우 롱 더즈 잇 테익 투 고우 투 더 호텔

- 택시 타는 곳은 어디입니까?

  Where's the taxi stand?
  웨어즈 더 택시 스탠드

교통수단

1. 버스
2. 기차
3. 택시
4. 자전거
5. 선박
6. 지하철
7. 렌터카
8. 주유소
9. 드라이브

❶ 버스

3번 버스는 어디에서 탑니까?
Where can I take No. 3?
웨어 캐나이 테익 넘버 뜨리

🗨 정보

- 자유의 여신상 가는 버스는 몇 번인가요?

  Which bus goes to the Statue of Liberty?

  위치 버스 고우즈 투 더 스태츄 어브 리버티

- 막차/첫차는 몇 시죠?

  What is the last/first bus time?

  왓 이즈 더 래스트/퍼스트 버스 타임

- 시내까지 대중 교통은 있습니까?

  Is there public bus to downtown?

  이즈 데어 퍼블릭 버스 투 다운타운

- 어떻게 그곳에 가는지 가르쳐 주세요.

  Please show me how to get there.

  플리이즈 쇼우 미 하우 투 겟 데어

- 힐튼호텔에서 제일 가까운 정류장은 어디입니까?

  Which stop is the nearest to Hilton Hotel?

  위치 스탑 이즈 더 니어리스트 투 힐튼 호텔

- 시내로 가는 버스 정류장은 어디입니까?

  Where is the bus stop to downtown?

  웨어 이즈 더 버스탑 투 다운타운

- 이 버스는 하이드 파크에 갑니까?

  Does this bus go to Hyde Park?

  더즈 디스 버스 고우 투 하이드 파크

- 버스가 몇 시에 출발합니까?

  What time does the bus leave?

  왓 타임 더즈 더 버스 리-브

- 보스턴까지 가는 데 얼마나 걸립니까?

  How long does it take to get to Boston?

  하우 롱 더즈 잇 테익 투 겟 투 보스턴

교통수단

깜짝센스

그레이하운드 버스인 경우, 보통 승차권 외에 아메리패스라는 자유이용권이 있다. 이것은 유효기간 내에서는 동일 노선에 몇 번이라도 탈 수 있는 할인 패스이며, 도중에서 내려도 된다. 지정 호텔이나 레스토랑을 할인 요금으로 이용할 수도 있다. 또한, 외국인 여행자를 대상으로 하기 때문에 미국에 입국하기 전에 구입하는 조건으로 되어 있다.

그 외에 미국에 입국하고 나서도 구입할 수 있는 것으로는 패밀리 할인권이 있다. 이것도 유효기간 내에서는 무제한 승차할 수 있다.

버스 안

- 자리 있습니까?
  Is this seat taken?
  이즈 디스 씻 테이큰

- 버스를 잘못 탔어요.
  I'm on the wrong bus!
  아임 언 더 롱 버스

- 여기서 내려 주세요.
  Let me get off here, please.
  렛 미 겟 어프 히어 플리이즈

- 여기서/다음에 내립니다.
  I'll get off here/next!
  아일 겟 어프 히어/넥스트

- 도중에 내려도 됩니까?
  Can I stop on route?
  캐나이 스탑 언 루트

- 어디서 내리면 되나요?
  Where should I get off?
  웨어 슈다이 겟 어프

- 하이드 파크까지 몇 정거장을 더 가야 합니까?
  How many stops to Hyde Park?
  하우 매니 스탑스 투 하이드 파크

차표

- 보스턴행 한 장 주세요.
  One for Boston, please.
  원 포 보스턴 플리이즈

- 캐임브리지행 좌석을 예매하려고 합니다.
  I'd like to book a seat to Cambridge.
  아이드 라익 투 북 어 씻 투 캐임브리쥐

- 매표소는 어디에 있습니까?
  Where is the ticket office?
  웨어 이즈 더 티켓 오피스

- 아메리패스로 주세요.
  An Ameripass, please.
  언 어메리패스 플리이즈

- 버스 안에서 표를 구입할 수 있나요?
  Can I buy a ticket in the bus?
  캐나이 바이 어 티켓 인 더 버스

- 시내까지 얼마입니까?
  How much money to downtown?
  하우 머취 머니 투 다운타운

- 캐임브리지행 내일 8시 왕복표로 주십시오.
  A roundtrip ticket to Cambridge, for 8 o'clock tomorrow.
  어 라운드츄립 티켓 투 캐임브리쥐 포 에잇 어클락 투머로우

교통수단

여행자	버스는 몇 분마다 출발합니까? How often does the bus leave? 하우 오픈 더즈 더 버스 리-브
행 인	버스는 10분마다 운행합니다. The buses run about every ten minutes. 더 버시즈 런 어바웃 에브리 텐 미닛츠
여행자	버스를 멈추게 하려면 어떻게 합니까? How can I get the bus to stop? 하우 캐나이 겟 더 버스 투 스탑
승 객	벨을 누르면 됩니다. You can push the bell cord. 유 캔 푸시 더 벨 코드
여행자	보스턴으로 가는 버스는 어디에서 탈 수 있습니까? Where can I catch the bus to Boston? 웨어 캐나이 캐취 더 버스 투 보스턴
행 인	버스 정류장은 여기서 한 블록 떨어져 있습니다. The bus stop is one block away from here. 더 버스 스탑 이즈 원 블록 어웨이 프롬 히어

장거리 버스

- 광대한 미국을 천천히 빠짐없이 관광하고 싶다면 버스 여행이 좋다. 각 도시를 연결하는 대형 장거리 버스회사 7개 중 가장 큰 것이 캐나다, 알래스카까지 노선을 갖고 있는 그레이 하운드(Greyhound). 거의 전 미국 주요 도시를 연결해서 운행하고 있다. 어떤 구간들은 꽤 시간이 걸리므로 스케줄이 얽히지 않도록 소요시간의 확인이 필요하다.

- 버스는 전 좌석이 리크라이닝석(의자가 뒤로 젖혀지는 좌석)이며 에어컨이나 화장실이 갖추어진 대형 차량이 운행되고 있다. 타고 내리기 쉬운 앞쪽 좌석이 인기가 있고 출발 1시간 전에 줄 서지 않으면 승차하지 못하는 경우도 있다.

- 버스 디포(Deport:터미널)는 대개 시내에 있다. 예약은 필요 없지만 표는 승차 전에 사는 것이 원칙이다. 2~3시간마다 휴게소에 정차하므로 식사는 그 곳에서 할 수 있다. 휴식 후에 차를 바꿔 타는 실수를 하지 않도록 자신의 차량번호를 외워둔다.

- 표를 구입하는 방법은 시내의 여행 사무소, 터미널의 표 판매소, 차안의 차장에게서 구입하는 방법이 있다.

교통수단

❷ 기차

식당칸/침대칸은 있습니까?
Is there a dining car/sleeping car?
이즈 데어 어 다이닝 카/슬리핑 카

예약

- 이 기차의 좌석을 예약하고 싶습니다.
  I want to reserve a seat on this train.
  아이 원투 리저브 어 씻 언 디스 츄레인

- 만석입니다.
  It's full.
  잇츠 풀

- 에딘버러행 침대카로 예약하려고 합니다.
  I'd like to reserve a sleeping car to Edinburgh.
  아이드 라익 투 리저-브 어 슬리핑 카 투 에딘버러

- 어디에서 예약할 수 있나요?
  Where can I make a reservation?
  웨어 캐나이 메이크 어 레저베이션

- 상단/하단으로 주십시오.
  Upper/Lower berth, please.
  어퍼/로어 버쓰 플리이즈

기차표

- 보스턴까지 열차표 2장 주세요.

  Two first class tickets for Boston, please.

  투 퍼스트 클래스 티켓츠 포 보스턴 플리즈

- 매표구는 어디입니까?

  Where is the ticket window?

  웨어 이즈 더 티켓 윈도우

- 급행표로 주십시오.

  Please give me the express ticket.

  플리이즈 김미 디 익스프레스 티켓

- 왕복표 1장 주세요.

  One round ticket, please.

  원 라운드 티켓 플리즈

- 성인 2장, 어린이 1장 주세요.

  Two adults and one child, please.

  투 어덜츠 앤 원 차일드 플리즈

- 가장 빨리 출발하는 표로 주십시오.

  Give me the earliest ticket.

  김미 디 어얼리스트 티켓

- 돌아오는 표는 얼마동안 유효합니까?

  How long is the return ticket available?

  하우 롱 이즈 더 리턴 티켓 어베일러블

교통수단

행선지 확인

- 이 열차는 어디로 갑니까?

    Where does this train to go?

    웨어 더즈 디스 츄레인 투 고우

- 기차를 잘못 탔습니다.

    I'm on the wrong train.

    아임 언 더 롱 츄레인

- 이 기차 프린스턴 가는 것 맞나요?

    Is this the right train to Princeton?

    이즈 디스 더 롸잇 츄레인 투 프린스턴

- 프린스턴에 몇 시에 도착합니까?

    What time does the train arrive in Princeton?

    왓 타임 더즈 더 츄레인 어라이브 인 프린스턴

- 이 열차는 매일 운행합니까?

    Does this train run every day?

    더즈 디스 츄레인 런 에브리 데이

- 이 기차는 프린스턴역까지 갑니까?

    Does this train go to Princeton Station?

    더즈 디스 츄레인 고우 투 프린스턴 스테이션

- 다음 정차역은 어디입니까?

    What is the next station?

    왓 이즈 더 넥스트 스테이션

출발

- 5번 플랫폼은 어디입니까?
  Where is platform No. 5?
  웨어 이즈 플랫폼 넘버 파이브

- 왜 기차가 오지 않죠?
  Why isn't the train coming?
  와이 이즌트 더 츄레인 커밍

- 급행열차가 있습니까?
  Are there any express trains?
  아 데어 애니 익스프레스 츄레인스

- 에딘버러행은 몇 번 플랫폼입니까?
  What track is for Edinburgh?
  왓 트랙 이즈 포 에딘버러

- 이 역은 무슨 역입니까?
  What station is this?
  왓 스테이션 이즈 디스

- 다음 기차는 언제 있습니까?
  When's the next train?
  웬즈 더 넥스트 츄레인

- 이 기차는 언제 출발합니까?
  When does this train start?
  웬 더즈 디스 츄레인 스타트

교통수단

 **열차 안**

- 이 좌석은 어디 있나요?

  Where is this seat?

  웨어 이즈 디스 씻

- 이 자리 비어 있습니까?

  Is this seat taken?

  이즈 디스 씻 테이큰

- 창문을 열어도 좋습니까?

  May I open the window?

  메아이 오픈 더 윈도우

- 짐을 위에 올려 주시겠어요?

  Will you put my baggage on the rack?

  윌 유 풋 마이 배기쥐 언 더 랙

- 여기는 제 자리입니다.

  This is my seat.

  디스 이즈 마이 씻

- 식당칸/침대칸을 이용해도 됩니까?

  Can I use the dining/sleeping car?

  캐나이 유즈 더 다이닝/슬립핑 카

- 여기서는 어느 정도 정차합니까?

  How long does the train stop here?

  하우 롱 더즈 더 츄레인 스탑 히어

기차 관련어

한국어	영어	발음
철도	railroad/railway	레일로드/레일웨이
역	station	스테이션
표	ticket	티켓
매표소	ticket office	티켓 오피스
급행열차	express train	익스프레스 츄레인
특급열차	limited express	리미티드 익스프레스
보통열차	local train	로컬 츄레인
주간열차	day train	데이 츄레인
야간열차	night train	나잇 츄레인
침대차	sleeping car	슬리핑 카
식당차	dining car	다이닝 카
급행요금	express charge	익스프레스 차쥐
침대요금	berth charge	버쓰 차쥐
편도표	one-way ticket	원웨이 티켓
왕복표	round trip ticket	라운드 트립 티켓
1등석	first class	퍼스트 클래스
2등석	second class	세컨드 클래스
좌석	seat	씨트
지정좌석	reserved seat	리저브드 씨트
자유석	non-reserved seat	넌리저브드 씨트

교통수단

❸ 택시

(주소를 보여주며) 이 주소로 가 주세요.
To this address, please.
투 디스 어드레스 플리이즈

 행선지

- 택시 정류소가 어디입니까?
  Where is the taxi stand?
  웨어 이즈 더 택시 스땐드

- 공항까지 시간이 얼마나 걸립니까?
  How long does it take to the airport?
  하우 롱 더즈 잇 테익 투 디 에어포트

- 저는 힐튼호텔에 가려고 합니다.
  I'm going to Hilton Hotel.
  아임 고잉 투 힐튼 호텔

- 다음에서 왼쪽/오른쪽으로 돌아 주세요.
  Next, turn to the left/right, please.
  넥스트 턴 투 더 레프트/롸잇 플리이즈

- 똑바로 가세요
  Straight ahead.
  스트레잇 어헤드

택시 안

- 여기서 세워주세요

    Stop here, please.

    스탑 히어 플리이즈

- 창문을 닫아도 될까요?

    May I close the window?

    메아이 클로우즈 더 윈도우

- 여기서 잠시만 기다려 주세요

    Wait here for a moment, please.

    웨잇 히어 포 어 모우먼트 플리이즈

- 30분 후에 다시 올게요.

    I'll come back 30 minutes later.

    아일 컴 백 떠리 미닛츠 레이러

- 서둘러 주세요. / 천천히 가 주세요.

    Please go quickly. / Slow down, please.

    플리이즈 고우 퀵클리 / 슬로우 다운 플리이즈

- 잔돈은 가지세요.

    Keep the change.

    킵 더 체인쥐

- 팁입니다.

    This is for you.

    디스 이즈 포 유

택시기사	어디까지 가십니까? **Where to?** 웨어 투
승객	4시까지 센트럴 파크로 가주세요. **To Central Park by four, please.** 투 센트럴 파크 바이 포 플리이즈
택시기사	어디에서 내리시겠습니까? **Where do you want to get off?** 웨어 두 유 원투 겟 어프
승객	여기에서 내려주세요. **Stop here, please.** 스탑 히어 플리이즈
택시기사	잔돈이 없습니다. **I have no change.** 아이 해브 노우 체인쥐
승객	잔돈은 가지세요. **Keep the change.** 킵 더 체인쥐

택시 관련어

한국어	영어	발음
택시승차장	taxi zone/taxi stand	택시 존/택시 스탠드
택시	taxi	택시
택시기사	taxi driver	택시 드라이버
택시요금	taxi fare	택시 페어
기본요금	minimum fare	미니멈 페어
할증요금	extra fare	엑스추라 페어
미터계	fare meter	페어 미터
거스름돈	change	체인쥐
화물요금	baggage fare	배기쥐 페어

깜짝센스

운임은 미터제, 구간요금제(어느 구간에서 어느 구간까지 가는가에 따라 요금이 정해진다. 동일 구간 내에서는 균일 요금) 등 도시에 따라 다르다. 예를 들면 미터제를 적용하고 있는 뉴욕에서는 최초 3분의 1마일이 1달러 50센트, 이후 5분의 1마일마다 25센트씩 가산된다. 거리와 시간 병산제이므로 러시아워 때에는 비싸고 시외로 나가면 장거리 요금이 적용되어 비싸진다.

❹ 자전거

이 자전거를 보관해 주세요.
Please keep this bicycle.
플리이즈 킵 디스 바이시클

유용한 표현

- 공기를 주입해 주세요.
  Please fill the tire with air.
  플리이즈 필 더 타이어 위드 에어

- 브레이크가 말을 듣지 않아요.
  The brake doesn't work well.
  더 브레이크 더즌 워크 웰

- 여기에 놓으면 되나요?
  Can I put it here?
  캐나이 풋 잇 히어

- 반납하려고 합니다.
  I'd like to return this.
  아이드 라익 투 리턴 디스

- 보증금을 돌려주십시오.
  Please give me back the deposit.
  플리이즈 김미 백 더 디파짓

- 타이어가 펑크났어요.

    The tire punctured.

    더 타이어 펑춰드

- 자전거는 어디서 대여하나요?

    Where is the bicycle rental shop?

    웨어 이즈 더 바이시클 렌틀 샵

- 자전거를 하루 동안 빌리고 싶은데요.

    I want to rent a bicycle for one day.

    아이 원투 렌트 어 바이시클 포 원 데이

- 얼마입니까?

    How much?

    하우 머취

 어 휘

보관하다	keep	킵
작동하다	work	워크
반납하다	return	리턴
보증금	deposit	디파짓
펑크나다	puncture	펑춰
빌리다	rent	렌트

❺ 선박

1등석으로 주세요.
First class, please.
퍼스트 클래스 플리이즈

 예약

- 제일 싼 자리는 얼마인가요?

  How much is the cheapest seat?
  하우 머취 이즈 더 취피스트 씻

- 제일 싼 자리는 뭔가요?

  Which cabin's price is the cheapest?
  위치 캐빈스 프라이스 이즈 더 취피스트

- 요금은 어디에서 받습니까?

  Where do I pay the fare?
  웨어 두 아이 페이 더 페어

- 산타 모니카 표 두 장 주세요.

  Two tickets to Santa Monica, please.
  투 티켓츠 투 산타 모니카 플리이즈

- 선실은 어디입니까?

  Where is my cabin?
  웨어 이즈 마이 캐빈

 출항

- 항구는 어떻게 갑니까?
  How can I get to the port?
  하우 캐나이 겟 투 더 포-트

- 어디에서 승선합니까?
  Where do I board?
  웨어 두 아이 보-드

- 승선 시간은 몇 시입니까?
  What time do we board?
  왓 타임 두 위 보-드

- 배멀미가 납니다.
  I'm seasick.
  아임 시씨크

- 의사를 불러 주시겠어요?
  Could you call a doctor for me?
  크쥬 콜 어 닥터 포 미

- 그곳까지 어느 정도 시간이 걸립니까?
  How long does it take to get there?
  하우 롱 더즈 잇 테익 투 겟 데어

- 몇 시에 배를 타면 됩니까?
  When should I get on board?
  웬 슈다이 겟 언 보-드

교통수단

115

❻ 지하철

롱아일랜드로 가는 것은 몇 호선입니까?
Which line goes to Long Island?
위치 라인 고우즈 투 롱 아일런드

🐟 유용한 표현

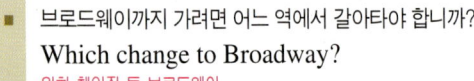

- 가장 가까운 지하철역은 어디 있습니까?

    Where is the nearest subway station?
    웨어 이즈 더 니어리스트 서브웨이 스테이션

- 브로드웨이까지 가려면 어느 역에서 갈아타야 합니까?

    Which change to Broadway?
    위치 체인쥐 투 브로드웨이

- 어느 역에서 타야 합니까?

    Which station do I get on?
    위치 스테이션 두 아이 겟 언

- 지하철표는 어디에서 삽니까?

    Where can I buy a subway ticket?
    웨어 캐나이 바이 어 서브웨이 티켓

- 지하철 노선도를 주세요.

    Subway route map, please.
    서브웨이 루트 맵 플리이즈

- 표 한 장 주세요.

    One ticket, please.
    원 티켓 플리이즈

- 브로드웨이에 가려면 어느 출구로 가야 합니까?

    Which exit should I go for Broadway?
    위치 엑시트 슈다이 고우 포 브로드웨이

- 어느 역에서 내려야 합니까?

    At what station should I get off?
    앳 왓 스테이션 슈다이 겟 어프

 어휘

· 매표소	ticket window	티켓 윈도우
· 입구	entrance	엔트런스
· 출구	exit	엑시트
· 플랫폼	platform	플랫폼
· 갈아타는 곳	transfer gate	트랜스퍼 게이트

직원	표를 보여주십시오. **Please show me your ticket.** 플리이즈 쇼우 미 유어 티켓
여행자	여기 있습니다. **Here it is.** 히어 잇 이즈
여행자	비버리힐즈로 가는 것은 몇 호선입니까? **Which track is for Beverlyhills?** 위치 트랙 이즈 포 비벌리힐즈
직원	3호선입니다. . **Track No. 3** 트랙 넘버 뜨리
여행자	거기에 가려면 얼마나 걸립니까? **How long does it take to get there?** 하우 롱 더즈 잇 테익 투 겟 데어
직원	별로 멀지 않아요. 15분 정도 걸립니다. **It's not far from here. About 15 minutes.** 잇츠 낫 파 프롬 히어 어바웃 피프틴 미닛츠

깜짝센스

도시의 지하철 사정

뉴욕 지하철의 경우 상하행 한쪽으로밖에 연결되어 있지 않은 입구가 있으므로 들어갈 때 확인할 것. 균일요금으로 토큰을 구입해서 탄다.

런던의 지하철은 Tube 또는 Underground라고 한다. 2층버스에도 사용할 수 있는 Visitor Travel Card라는 기한이 있는 패스를 이용하면 편리. 1일·7일간 유효권이 있고 시내와 히드로 공항 간의 지하철과 에어버스에도 사용할 수 있으므로 도착시에 공항에서 사두면 좋다. 평일의 러시아워를 지난 9시 30분 이후와 토.일요일에 유효한 Off-peak Travel Card도 있다.

❼ 렌터카

3일간 차를 빌리고 싶은데요.
I'd like to rent a car for three days.
아이드 라익 투 렌터 카 포 뜨리 데이즈

차 대여

- 소형차를 일주일 빌려주십시오.
  Compact car for a week, please.
  컴팩트 카 포러 위크 플리이즈

- 스포츠카 오토로 빌려주십시오.
  I'd like an automatic sports car.
  아이드 라이크 언 오토매틱 스포츠 카

- 내일 오전 10시부터 6시까지 사용하려고 합니다.
  I'd like to use it from 10 a.m. to 6 p.m. tomorrow.
  아이드 라익 투 유즈 잇 프롬 텐 에이엠 투 씩스 피엠 투머로우

- 운전 면허증을 보여주십시오.
  Your driver's license, please.
  유어 드라이버스 라이센스 플리이즈

- 요금표를 보여주십시오.
  The list of rates, please.
  더 리스트 어브 레잇츠 플리이즈

- 렌탈요금은 하루에 얼마입니까?

  What is the rental rate per day?
  왓 이즈 더 렌털 레이트 퍼 데이

- 기름값이 포함된 것입니까?

  Does it include gas?
  더즈 잇 인클루드 개스

- 어디에서 기다리면 될까요?

  Where should I wait for you?
  웨어 슈다이 웨잇 포 유

 보험과 보증금

- 종합보험으로 해주십시오.

  Full insurance, please.
  풀 인슈어런스 플리이즈

- 보증금은 얼마입니까?

  How much is the deposit?
  하우 머춰 이즈 더 디파짓

- 보증금이 필요합니까?

  Do I need a deposit?
  두 아이 니드 어 디파짓

- 보험에는 가입되어 있나요?

  Does it include an insurance?

  더즈 잇 인클루드 언 인슈어런스

- 보증금은 어떻게 할까요?

  How about insurance?

  하우 어바웃 인슈어런스

- 문제가 생기면 어디로 연락하나요?

  In case of trouble, what number should I call?

  인 케이스 어브 트러블 왓 넘버 슈다이 콜

- 이 차의 조작법을 알려주세요.

  Please tell me how to drive this car.

  플리이즈 텔 미 하우 투 드라이브 디스 카

- 이 차를 돌려드리겠습니다.

  I want to return this car.

  아이 원투 리턴 디스 카

어휘

· 빌리다	rent	렌트
· 소형차	compact car	컴펙트 카
· 요금	rate	레이트
· 기다리다	wait for	웨이트 포

직원	어떤 모델을 원하십니까? **Which model do you want?** 위치 모델 두 유 원트
여행자	소형차가 좋겠어요. **I'd like a compact car.** 아이드 라이크 어 컴팩트 카
직원	얼마동안 사용하실 건가요? **How long are you going to use it?** 하우 롱 아 유 고잉 투 유즈 잇
여행자	5일이요. **Five days.** 파이브 데이즈
여행자	임대료는 얼마입니까? **How much?** 하우 머취
직원	하루에 50달러입니다. **Fifty dollars per day.** 피프티 달러즈 퍼 데이

⑧ 주유소

레귤러로 넣어주세요.
Please fill with the regular gas.
플리즈 필 위드 더 레귤러 개스

유용한 표현

- 가장 가까운 주유소는 어디입니까?

    Where is the nearest gas station?
    웨어 이즈 더 니어리스트 개스 스테이션

- 이 근처에 주유소가 있습니까?

    Is there a gas station here?
    이즈 데어 어 개스 스테이션 히어

- 제 차 좀 봐주시겠어요?

    Would you check out my car?
    우쥬 체크 아웃 마이 카

- 오일을 체크해 주십시오.

    Check the oil, please.
    체크 디 오일 플리즈

- 타이어를 봐 주시겠어요?

    Will you check the tires?
    윌 유 체크 더 타이어스

- 화장실은 어디 있나요?
  Where is the toilet?
  웨어 이즈 더 토일릿

- 가솔린 넣는 방법을 알려주세요.
  Please tell me how to fill the gas.
  플리이즈 텔 미 하우 투 필 더 개스

- 기름은 가득 채워주세요.
  Fill it up, please.
  필 잇 업 플리이즈

교통수단

 어 휘

주유소	gas station	개스 스테이션
화장실	toilet	토일릿
가솔린	gasoline	개솔린
(자동차에) 기름을 채우다	fill up	필 업

125

9 드라이브

주차장은 있습니까?
Is there parking?
이즈 데어 파킹

유용한 표현

- 이 길이 몬트레이로 가는 길입니까?
  Does this street go to Monterey?
  더즈 디스 스트릿 고우 트 몬트레이

- 이곳은 일방통행입니까?
  Is this a one-way street?
  이즈 디스 어 원웨이 스트릿

- 노상주차를 해도 됩니까?
  Is it all right to park on the road?
  이즈 잇 올 라잇 투 파크 언 더 로드

- 이곳은 주차금지 구역입니다.
  This is no-parking area.
  디스 이즈 노우 파킹 에어리어

- 이 곳은 무슨 거리입니까?
  What street is this?
  왓 스트릿 이즈 디스

- 도로 지도는 있습니까?

  Do you have the route map?

  두 유 해브 더 루트 맵

- 몬트레이까지 몇 마일입니까?

  How many miles to Monterey?

  하우 매니 마일즈 투 몬트레이

드라이브 관련어

운전면허증	driver's license	드라이버스 라이센스
계약서	contract	컨트랙트
주유소	gas station	개스 스테이션
가솔린	gasoline	개솔린
가득 채움	full tank	풀 탱크
도로지도	road map	로드 맵
고속도로	express way	익스프레스 웨이
유료도로	toll road	톨 로드
교차점	intersection	인터섹션
주차장	parking lot	파킹 랏
일방통행	one-way	원 웨이
추월금지	road closed	로드 클로우즈드
주차금지	no parking	노우 파킹
사고	accident	액씨던트
서행	slow	슬로우
안전벨트	seat belt	씻 벨트

미국 운전면허에 관하여

자동차는 미국생활에서 사치품이 아닌 필수품이다(단, 맨하탄처럼 주차가 힘들며 대중교통 수단이 잘 되어 있는 지역은 제외). 이런 점 외에 미국에 와서 반드시 운전면허증을 따야 하는 또다른 이유는 미국의 운전면허증이 신분 증명서 구실을 하기 때문이다. 미국에서는 신용카드나 개인수표로 물건을 살 때 운전면허증의 제시를 요구하는 경우가 많다.

국제면허와 미국 면허

우리나라에서 면허증을 갖고 있는 사람은 국제면허증을 만들어 지참하고 가면 좋다. 국제면허증의 유효기간은 1년이다. 그러나 이 국제면허를 여행자에게만 인정하는 주(캘리포니아주, 뉴욕주), 1개월(워싱턴주), 2개월(일리노이주), 3개월 동안만 인정하는 주(미시간주), 1년간 인정하는 주(하와이주) 등 주에 따라 다르다. 국제면허 그 자체는 1년간 유효하지만 이것은 본래 미국을 여행하는 사람을 위한 것으로 미국에 살면서 자동차를 사서 보험에 가입할 경우는 거주지의 면허를 따는 것이 편리하다. 영어에 자신이 없더라도 LA, 뉴욕, 뉴저지처럼 한국인이 많이 살고 있는 도시에는 한국어 시험지가 배치되어 있다.

운전면허 취득법

시험은 국제면허증의 유무와 주법에 따라 조금씩 다르다. 운전면허증을 따기 위해서는 두 가지 시험, 즉 필기시험과 실기시험을 거쳐야 한다. 필기시험에 합격하면 실기시험을 받게 된다. 우선 가장 가까운 주정부 차량국에 가서 그 주의 교통법규, 안전운전법이 자세히 쓰여 있는 책자(Driver's Manual 또는 Driver's Handbook)를 받아와 공부한다. 시험 볼 준비가 되었으면 여권(또는 생년월일이 기재된 다른 증명서)을 지참하고 차량국에 가서 신청료를 첨부하여 신청서와 함께 제출하고 필기시험 용지를 받는다.

시험 내용

1) 도로 표지 테스트 2) 교통법규 테스트
3) 시력 테스트 4) 운전자 테스트

숙박

1. 호텔 예약
2. 호텔 체크인
3. 룸서비스
4. 호텔 시설 이용
5. 문제 발생
6. 호텔 체크아웃
7. 유스호스텔

① 호텔 예약

예약을 하고 싶습니다.
I'd like to make a reservation.
아이드 라익 투 메이크 어 레저베이션

숙박업체 문의

- 싸고 좋은 호텔 좀 추천해 주세요.
  Could you recommend a good but less expensive hotel?
  크쥬 레코멘드 어 굿 벗 레스 익스펜시브 호텔

- 그 호텔은 어떻게 갈 수 있죠?
  How can I get to the hotel?
  하우 캐나이 겟 투 더 호텔

- 좀더 싼 곳은 없나요?
  Do you have anything less expensive?
  두 유 해브 애니띵 레스 익스펜시브

- 숙박업소가 나와있는 안내책자가 있나요?
  Do you have a guide book which has a list of accommodations?
  두 유 해브 어 가이드 북 위치 해즈 어 리스트 어브 어카머데이션스

- 더 나은 곳은 얼만가요?
  How much is something better?
  하우 머취 이즈 썸띵 베러

 방 예약하기

- 오늘밤 빈 방 있습니까?

  Do you have vacancies tonight?

  두 유 해브 베이컨시즈 투나잇

- 방 있습니까?

  Do you have any room?

  두 유 해브 애니 룸

- 더블룸/트윈룸으로 부탁합니다.

  Double/Twin room, please.

  더블/트윈 룸 플리즈

- 20일에 트윈룸으로 예약하고 싶습니다.

  I'd like to reserve a twin room for the 20th.

  아이드 라익 투 리저브 어 트윈 룸 포 더 트웨니쓰

- 2인용으로 6박을 예약하고 싶습니다.

  I'd like to make a reservation for six nights for two.

  아이드 라익 투 메이크 어 레저베이션 포 식쓰 나잇츠 포 투

- 더블침대 방 두 개가 필요합니다.

  We'll need two double beds.

  위일 니드 투 더블 베즈

- 제 이름으로 예약해 주세요.

  Please put the rooms under my name.

  플리즈 풋 더 룸즈 언더 마이 네임

숙박

원하는 방

- 욕실이 있는 싱글룸으로 주세요.
  I'd like a single room with a bath, please.
  아이드 라이크 어 싱글 룸 위드 어 배쓰 플리즈

- 10시까지 방을 구해 주세요.
  Please keep my room until 10 o'clock.
  플리즈 킵 마이 룸 언틸 텐 어클락

- 경치가 좋은 방으로 주세요.
  I'd like a room with a nice view.
  아이드 라이크 어 룸 위드 어 나이스 뷰

- 수영장 옆의 방을 원합니다.
  I'd like a poolside room.
  아이드 라이크 어 풀사이드 룸

- 산/바다가 보이는 방을 원합니다.
  I'd like a room with a mountain/an ocean view.
  아이드 라이크 어 룸 위드 어 마운틴/언 오션 뷰

- 방들이 서로 이웃해 있나요?
  Are the rooms next to each other?
  아 더 룸즈 넥스트 투 이치 아더

- 인터넷 전용선이 깔린 방을 원합니다.
  I need a room with an Internet connection.
  아이 니드 어 룸 위드 언 인터넷 코넥션

예약 변경 및 취소

- 체재를 3박 연장하고 싶습니다.
  I'd like to stay 3 more nights.
  아이드 라익 투 스테이 뜨리 모어 나잇츠

- 5일까지 예약해 드렸습니다.
  We have you booked through the 5th.
  위 해브 유 북트 쓰로우 더 피프뜨

- 제가 조금 늦더라도 예약을 유지해 주십시오.
  Please hold my reservation if I'm a little late.
  플리즈 호울드 마이 레저베이션 이프 아임 어 리를 레잇

- 예약을 변경하고 싶습니다.
  I'd like to change my reservation.
  아이드 라익 투 체인쥐 마이 레저베이션

- 5월 3일이 아니고, 5월 10일인데 괜찮습니까?
  Not the 3rd of May, but the 10th of May, OK?
  낫 더 써드 어브 메이 벗 더 텐쓰 어브 메이 오케이

- 예약을 취소하고 싶습니다.
  I'd like to cancel my reservation.
  아이드 라익 투 캔슬 마이 레저베이션

- 귀하께서 예약하신 것을 취소하겠습니다.
  I'll cancel your reservation.
  아일 캔슬 유어 레저베이션

숙박

요금 문의

- 하루 숙박비가 얼마입니까?

  What is the daily rate?
  왓 이즈 더 데일리 레이트

- 전부 얼마입니까?

  What does the total come to?
  왓 더즈 더 토털 컴 투

- 일박하는 데 얼마입니까?

  How much is it per night?
  하우 머취 이즈 잇 퍼 나잇

- 이 요금은 아침식사가 포함된 것인가요?

  Is breakfast included in this rate?
  이즈 브렉퍼스트 인클루디드 인 디스 레이트

- 아침식사가 됩니까?

  Can I breakfast here?
  캐나이 브렉퍼스트 히어

- 더 싼 것이 있나요?

  Do you have anything cheaper?
  두 유 해브 애니띵 취퍼

- 얼마부터 있습니까?

  What is the price range of room at your hotel?
  왓 이즈 더 프라이스 레인쥐 어브 룸 앳 유어 호텔

- 보증금이 필요한가요?

  Do you require a deposit?

  두 유 리콰이어 어 디파짓

- 바다가 보이는 방은 얼마입니까?

  What's the charge for an ocean view?

  왓츠 더 차쥐 포 언 오션 뷰

- 비수기에는 할인이 되나요?

  Do you have a low season discount?

  두 유 해브 어 로우 시즌 디스카운트

- 추가요금은 얼마입니까?

  How much is an extra?

  하우 머취 이즈 언 엑스추라

어 휘

숙박 시설	accommodation	어카머데이션
욕실이 딸린	with a bath	위드 어 배쓰
전망이 좋은	with a nice view	위드 어 나이스 뷰
예약	reservation	레저베이션
비수기	a low season	어 로우 시즌

② 호텔 체크인

체크인하고 싶습니다.
I'd like to check in, please.
아이드 라익 투 체크인 플리즈

 미리 예약했을 때

- 예약했습니다.
  I have a reservation.
  아이 해브 어 레저베이션

- 예약확인서를 보여주세요.
  Confirm sheet, please.
  컨펌 시트 플리즈

- 김준호라는 이름으로 예약했습니다.
  I made a reservation under the name of Jun-ho Kim.
  아이 메이드 어 레저베이션 언더 더 네임 어브 준호 킴

- 여행사를 통해서 예약했습니다.
  I made a reservation at the travel agency.
  아이 메이드 어 레저베이션 앳 더 추래블 에이전시

- 저 대신 기입해 주시겠습니까?
  Could you please fill it out for me?
  크쥬 플리즈 필 잇 아웃 포 미

 **예약 착오**

- 다시 한 번 확인해 주세요.
  Check my reservation again, please.
  체크 마이 레저베이션 어겐 플리이즈

- 분명히 오늘 날짜로 예약했습니다.
  I'm certain I made a reservation for today.
  아임 써튼 아이 메이드 어 레저베이션 포 투데이

- 예약 기록을 찾을 수 없습니다.
  I can't find your reservation.
  아이 캔트 파인드 유어 레저베이션

- 손님 방을 다른 분께 드렸습니다.
  We gave your room to another guest.
  위 게이브 유어 룸 투 어나더 게스트

- 저희는 대개 예약을 확인한 방은 비워놓습니다.
  We usually hold rooms for confirmed reservation.
  위 유즈얼리 호울드 룸즈 포 컨펌드 레저베이션

- 어느 분 성함으로 예약하셨습니까?
  What's the name on the reservation?
  왓츠 더 네임 언 더 레저베이션

- 언제 예약하셨습니까?
  When did you make the reservation?
  웬 디쥬 메이크 더 레저베이션

숙박

직접 방을 구할 때

- 방을 보여 주시겠어요?

  May I see the room?
  메아이 씨 더 룸

- 예약하지 않았습니다.

  I have no reservation.
  아이 해브 노우 레저베이션

- 두 사람이 묵을 방 있나요?

  A room for two men?
  어 룸 포 투 멘

- 아침식사는 몇 시부터, 어디서 하면 됩니까?

  From what time and where can I have breakfast?
  프롬 왓 타임 앤 웨어 캐나이 해브 브렉퍼스트

- 아침식사는 포함됩니까?

  Is breakfast included?
  이즈 브렉퍼스트 인클루디드

- 봉사료와 세금이 포함된 건가요?

  Does it include the service charge and tax?
  더즈 잇 인클루드 더 서비스 차쥐 앤 택스

- 먼저 방을 볼 수 있을까요?

  Could I see the room first?
  쿠다이 씨 더 룸 퍼스트

- 더 큰방/작은방은 없습니까?
  Do you have anything bigger/smaller?
  두 유 해브 애니띵 비거/스몰러

- 더 싼 방이 있습니까?
  Do you have anything cheaper?
  두 유 해브 애니띵 칩퍼

- 이 방으로 주세요.
  I'll take this room.
  아일 테이크 디스 룸

- 지금 지불할게요.
  I'd like to pay my bill now.
  아이드 라익 투 페이 마이 빌 나우

숙박

깜짝센스

예약이 취소되는 일을 방지하려면?

여행대리점을 통해 호텔을 예약했다면 예약확인서(confirmation slip)를 받아두고 체크인할 때 제출한다. 예약확인서가 없을 경우에는 호텔 이름, 객실요금, 방 종류 등 최소한의 사항은 잘 알아 둘 것. 또한 공항에 도착하면 재확인(reconfirm) 전화를 해 둔다.

 **호텔 추천**

- 다른 호텔을 추천해 주시겠어요?
  Could you recommend another hotel?
  크쥬 레코멘드 어나더 호텔

- 근처에 다른 호텔이 있나요?
  Are there any other hotels nearby?
  아 데어 애니 아더 호텔스 니어바이

 호텔 방 안내

- 제 방으로 안내해 주십시오.
  Show me to my room.
  쇼우 미 투 마이 룸

- 방으로 안내해 드리겠습니다. 가방은 이것이 전부입니까?
  We'll have someone take you to your room. Are these all of your bags?
  위일 해브 썸원 테이크 유 투 유어 룸 아 디즈 올 어브 유어 백스

- 손님 방은 6층 603호입니다.
  You're in room 603 on the sixth floor.
  유아 인 룸 씩스오뜨리 언 더 씩스뜨 플로어

- 1300호실에 머무르시면 됩니다.
  You're in room 1300.
  유아 인 룸 원뜨리오오.

- 이 카드 키는 어떻게 사용합니까?

    How can I use this card key?

    하우 캐나이 유즈 디스 카드 키

- 방 열쇠 여기 있습니다.

    Here is your room key.

    히어 이즈 유어 룸 키

- 방 열쇠 하나를 더 얻을 수 있을까요?

    Could you give me one more key, please?

    크쥬 김미 원 모어 키 플리즈

- 이 방입니다.

    Here's your room, sir.

    히어즈 유어 룸 써

- 포터가 방으로 안내해 드릴 겁니다.

    The porter will show you to your room.

    더 포터 윌 쇼우 유 투 유어 룸

- 화장실은 어디입니까?

    Where is the rest room?

    웨어 이즈 더 레스트 룸

- 화장실을 쓸 수 있습니까?

    May I use the rest room?

    메아이 유즈 더 레스트 룸

짐

- 짐을 맡기는 곳은 어디입니까?
  Where is the checkroom?
  웨어 이즈 더 체크룸

- 귀중품을 보관해 주시겠습니까?
  Could you keep my valuables, please?
  크쥬 킵 마이 밸루어블스 플리이즈

- 짐은 제가 운반하겠습니다.
  I'll carry my baggage by myself.
  아일 캐리 마이 배기쥐 바이 마이셀프

- 짐을 방까지 날라다 주세요.
  Please bring my bags to the room.
  플리이즈 브링 마이 백스 투 더 룸

- 가방 좀 들어주시겠어요?
  Could you help me with my bags?
  크쥬 헬프 미 위드 마이 백스

- 저녁까지 짐을 맡아 주세요.
  Please keep my baggage till this evening.
  플리이즈 킵 마이 배기쥐 틸 디스 이브닝

- 세이프 박스를 사용할 수 있습니까?
  Can I use a safe-deposit box?
  캐나이 유즈 어 세이프 디파짓 박스

직원	예약하셨습니까? **Did you have a reservation?** 디쥬 해브 어 레저베이션
여행자	서울에서 예약했습니다. **I had a reservation in Seoul.** 아이 해드 어 레저베이션 인 서울
직원	몇 일 밤 묵을 겁니까? **How many nights?** 하우 매니 나잇츠
여행자	3일 밤 묵을 거에요. **3 nights.** 뜨리 나잇츠
여행자	체크아웃은 몇 시입니까? **What time check out?** 왓 타임 체크아웃
직원	12시에 체크아웃하시면 됩니다. **Check out is 12 o'clock.** 체크아웃 이즈 트웰브 어클락

숙 박

❸ 룸서비스

룸서비스를 부탁합니다.
Room service, please.
룸서비스 플리이즈

룸서비스 요청

- 1015호실인데요.

  The room number is 1015.
  더 룸 넘버 이즈 원오원파이브

- 룸서비스 됩니까?

  Is room service available?
  이즈 룸 서비스 어베일러블

- 룸서비스를 부르려면 어떻게 해야 합니까?

  How can I call room service?
  하우 캐나이 콜 룸 서비스

- 룸서비스입니다. 들어가도 될까요?

  Room service. May I come in?
  룸 서비스 메아이 컴 인

- 내일 아침 6시에 모닝콜을 부탁합니다.

  Please wake me up at 6 o'clock tomorrow morning.
  플리이즈 웨익 미 업 앳 씩스 어클락 투머로우 모닝

식사·음료 주문

- 아침식사를 방으로 가져다 주세요.
  Please bring my breakfast in my room.
  플리이즈 브링 마이 브렉퍼스트 인 마이 룸

- 오후 7시경까지 가져다 줄 수 있나요?
  Could you bring that by around 7 p.m.?
  크쥬 브링 댓 바이 어롸운드 세븐 피엠

- 샌드위치와 주스를 802호로 가져다 주세요
  Sandwich and juice to 802.
  샌드위치 앤 주스 투 에잇 오 투

- 스카치 한 병과 얼음을 부탁합니다.
  A scotch and ice, please.
  어 스카치 앤 아이스 플리이즈

- 주문한 것을 서둘러 주시겠어요?
  Could you rush the order?
  크쥬 러쉬 디 오더

- 맥주 세 병을 주문했는데 어떻게 된 건지 궁금합니다.
  I ordered three bottles of beer. I wonder what happened to them.
  아이 오더드 뜨리 바틀즈 어브 비어 아이 원더 왓 해픈드 투 뎀

- 얼음을 좀 가져다 주시겠어요?
  Would you bring me some ice, please?
  우쥬 브링 미 썸 아이스 플리이즈

 **방 청소**

- 방을 청소해 주십시오.

  Please clean my room.

  플리즈 클리인 마이 룸

- 방 청소를 해야겠는데요.

  My room needs to be cleaned.

  마이 룸 니즈 투 비 클리인드

- 방을 깨끗이 청소해 주세요.

  Make the room clean and neat.

  메이크 더 룸 클리인 앤 니트

- 아직 방 청소가 안됐습니다.

  The room isn't done yet.

  더 룸 이즌트 도운 옛

- 외출해 있는 동안 방을 청소해 주시겠어요?

  Would you clean the room while I am out?

  우쥬 클리인 더 룸 와일 아이 앰 아웃

- 침대를 정돈해 주세요.

  Please make the bed.

  플리즈 메이크 더 베드

- 청소해 주세요.

  Please make up my room.

  플리즈 메이크 업 마이 룸

세탁

- 드라이 클리닝 됩니까?

  Do you have dry cleaning service?

  두 유 해브 드라이 클리닝 서비스

- 호텔에 세탁부가 있습니까?

  Do you have laundry service?

  두 유 해브 론드리 서비스

- 이 바지와 셔츠를 세탁해 주세요.

  I'd like to have my shirts and trousers cleaned.

  아이드 라익 투 해브 마이 셔츠 앤 트라우저스 클리인드

- 이것을 다려 주십시오.

  Please have it pressed.

  플리즈 해브 잇 프레스드

- 언제 됩니까?

  When will it be ready?

  웬 윌 잇 비 레디

- 세탁하는 데 얼마나 걸릴까요?

  How long will it take to get them done?

  하우 롱 윌 잇 테이크 투 겟 뎀 던

- 7시에 갖고 와 주세요.

  Please bring them at 7 o'clock.

  플리즈 브링 뎀 앳 세븐 어클락

숙 박

숙박객	룸 서비스 됩니까? **Is room service still available?** 이즈 룸 서비스 스틸 어베일러블
룸서비스	네, 손님. **Yes, sir.** 예스 써
숙박객	모닝콜을 부탁합니다. **Wake-up call, please.** 웨이크 업 콜 플리이즈
룸서비스	룸 번호를 알려주세요. **Your room number, please.** 유어 룸 넘버 플리이즈
숙박객	달걀 세 개와 토스트, 그리고 베이컨 두 조각 주세요. **Three eggs, toast and two slices of bacon.** 뜨리 에그스 토우스트 앤 투 슬라이시스 어브 베이컨
룸서비스	더 필요한 것은 없습니까? **Something else?** 썸띵 엘스

호텔 서비스

귀중품 관리
cashier에게 금고(Safety Box)를 빌려서 보관한다.

룸 서비스 (Room Service)
방에서 식사를 하거나 음료를 주문할 수 있다. 객실 책상에 비치되어 있는 메뉴를 보고 전화로 주문한다. 가지고 온 보이에게는 팁을 준다.

모닝 콜 (Morning Call)
교환에게 시간과 방 번호를 알려준다.

세탁 서비스 (Laundry Service)
방에 비치되어 있는 「LAUNDRY」라고 쒸어진 자루에 세탁물을 넣고 신청용지에 필요사항을 기입해 두면 룸메이드가 가지고 간다. 전화로 룸메이드에게 세탁물을 맡길 수도 있다.

안내 (Information)
메시지나 편지를 맡아 주고 식당을 예약할 수도 있다. 리조트 호텔에는 스포츠 전문 데스크(Activity Desk)가 있다. 그외 소포 포장 상자의 준비 또는 발송, 우편물의 발송, 전보 등의 접수를 받는다. 필요에 따라 팁을 줄 것.

방을 청소하고 싶을 때
「Make up my room, please」라는 문구를 적어 문 밖에 걸어 둔다.

베이비 시터 (Baby Seater)
아이들을 맡길 수 있다.

입장권의 예약 · 구입
(스포츠, 연극 등) 인포메이션(미), 컨시어쥬(유럽)에게 부탁한다.

숙박

④ 호텔 시설 이용

식당으로 안내해 주십시오.
Show me the restaurant.
쇼우 미 더 레스토런트

 유용한 표현

- 호텔에는 어떤 시설이 있나요?
  What kind of facilities are there in the hotel?
  왓 카인드 어브 퍼실리티스 아 데어 인 더 호텔

- 로비는 몇 층입니까?
  Which floor is lobby?
  위치 플로어 이즈 라비

- 어떤 헤어 스타일로 해드릴까요?
  How would you like your hair style?
  하우 우쥬 라이크 유어 헤어 스타일

- 약하게 파마해 주세요.
  A soft permanent, please.
  어 소프트 퍼머넌트 플리즈

- 면도해 주십시오.
  Shave, please.
  셰이브 플리즈

- 팁입니다.
  For you.
  포 유

- 이 스위치는 무엇입니까?
  What is this switch?
  왓 이즈 디스 스위치

- 사우나는 있습니까?
  Is there a sauna?
  이즈 데어 어 사우나

숙 박

깜짝센스

호텔에서는 특별히 신세를 끼친 경우 외에는 객실 종업원에게 팁을 주지 않아도 된다. 룸서비스를 부탁한 경우는 1달러 정도를 준다.

어휘

· 시설	facility	퍼실리티
· (건물의) 층	floor	플로어
· 면도하다	shave	셰이브
· 스위치	switch	스위치
· 사우나	sauna	사우너

❺ 문제 발생

화장실에 휴지가 없습니다.
There is no toilet paper in the bathroom.
데어 이즈 노우 토일릿 페이퍼 인 더 배쓰룸

화장실

- 다른 타월을 주세요.
  Another towel, please.
  어너더 타월 플리이즈

- 욕실에 수건이 없습니다.
  There's no towel in the bathroom.
  데어즈 노우 타월 인 더 배쓰룸

- 여분의 비누를 주십시오.
  Extra soap, please.
  엑스추라 소웁 플리이즈

- 수도꼭지가 망가졌습니다.
  The faucet is broken.
  더 포싯 이즈 브로큰

- 욕실 불이 나갔습니다.
  Bathroom light's off.
  배쓰룸 라잇츠 어프

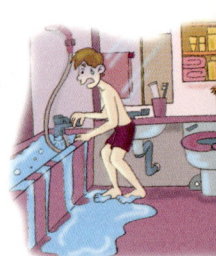

- 변기 물이 나오지 않습니다.
  The toilet won't flush.
  더 토일릿 원트 플러쉬

- 변기가 막혔습니다.
  The toilet is broken up.
  더 토일릿 이즈 브로큰 업

- 화장지를 다 썼습니다.
  We ran out of toilet paper.
  위 랜 아웃 어브 토일릿 페이퍼

- 화장실에 물이 흐르지 않아요.
  There is something wrong with the toilet.
  데어 이즈 썸띵 롱 위드 더 토일릿

- 욕조에서 뜨거운 물이 넘쳤어요!
  The water overflowed in the bathtub!
  더 워러 오버플로우드 인 더 배쓰텁

- 욕실에서 뜨거운 물이 나오지 않아요.
  There is no hot water in the bathroom.
  데어 이즈 노우 핫 워러 인 더 배쓰룸

- 화장실에 치약이 없어요.
  There's no toothpaste in the bathroom.
  데어즈 노우 투쓰페이스트 인 더 배쓰룸

숙박

열쇠

- 열쇠를 잊고 왔어요.
  I forgot my key.
  아이 포갓 마이 키

- 문이 안에서 잠겼어요.
  I got locked out of my room.
  아이 갓 락트 아웃 어브 마이 룸

- 열쇠를 방안에 두고 왔어요.
  I left my key in my room.
  아이 레프트 마이 키 인 마이 룸

- 열쇠를 잃어 버렸어요.
  I have lost my key.
  아이 해브 로스트 마이 키

- 문이 저절로 잠깁니다.
  The door locks on its own.
  더 도어 락스 언 잇츠 오운

- 문이 잠기지 않습니다.
  The room door won't lock.
  더 룸 도어 오운트 락

- 여분의 열쇠가 있습니까?
  Could I have a spare key?
  쿠다이 해브 어 스페어 키

소음

- 더 조용한 방을 부탁합니다.
  Quieter one, please.
  콰이러 원 플리즈

- 방을 바꿔 주세요.
  I'd like to change my room.
  아이드 라익 투 체인쥐 마이 룸

- 옆방이 너무 시끄러워서요.
  The next room's making too much noise.
  더 넥스트 룸즈 메이킹 투 머취 노이즈

 ## 기타 요구

- 에어컨이 작동하지 않습니다.
  Air conditioner isn't working.
  에어 컨디셔너 이즌 워킹

- TV가 고장났어요.
  TV is broken.
  티브이 이즈 브로큰

- 방 청소가 안 되어 있습니다.
  The room wasn't cleaned.
  더 룸 워즌트 클린인드

프론트에 부탁하기

- 여기에 열쇠좀 맡길게요.
  I'll leave the key here.
  아일 리-브 더 키 히어

- 제게 연락 온 거 있나요?
  Are there any messages for me?
  아 데어 애니 메시쥐스 포 미

- 시내 지도를 구할 수 있을까요?
  Can I get a city map?
  캐나이 겟 어 시티 맵

- 공항까지 리무진 서비스가 있나요?
  Do you have limousine service to the airport?
  두 유 해브 리무진 서비스 투 디 에어포트

- 시내 투어가 있나요?
  Is there any city tour?
  이즈 데어 애니 시티 투어

- 이 부근에 쇼핑몰이 있나요?
  Is there a shopping mall near here?
  이즈 데어 어 샤핑 몰 니어 히어

- 거기까지 얼마나 걸립니까?
  How long does it take to get there?
  하우 롱 더즈 잇 테익 투 겟 데어

투숙객	방을 바꿀 수 있을까요? **Could you change the room?** 크쥬 체인쥐 더 룸
직원	잠시만 기다리세요. 확인해 보겠습니다. **Just a moment and I'll check.** 저스트 어 모우먼트 앤 아일 체크
투숙객	언제 바꾸고 싶으신가요? **When would you like to change?** 웬 우쥬 라익 투 체인쥐
직원	가능하다면 내일 부탁합니다. **Tomorrow, if possible.** 투머로우 이프 파서블
투숙객	에어컨이 고장났습니다. **The airconditioner is broken.** 디 에어컨디셔너 이즈 브로큰
직원	죄송합니다. 곧 수리해 드리겠습니다. **We're sorry, we'll fix it soon.** 위아 쏘리 위일 픽스 잇 순

숙박

❻ 호텔 체크아웃

지금 체크아웃하고 싶습니다.
I'd like to check out now.
아이드 라익 투 체크 아웃 나우

 체크아웃

- 예정보다 하루 빨리 체크아웃하고 싶습니다.
  I'd like to check out one day early.
  아이드 라익 투 체크아웃 원 데이 어얼리

- 늦게 체크아웃하겠습니다.
  I'd like a late check-out, please.
  아이드 라이크 어 레잇 체크아웃 플리이즈

- 하루 더 연장하고 싶은데요.
  I'd like to stay one more night.
  아이드 라익 투 스테이 원 모어 나잇

- 며칠 더 숙박하고 싶습니다.
  I'd like to extend my stay for a few days.
  아이드 라익 투 익스텐드 마이 스테이 포 어 퓨 데이즈

- 하루 일찍 나가고 싶습니다.
  I want to leave one day earlier.
  아이 원투 리-브 원 데이 어얼리어

 계산하기

- 이 카드를 써도 됩니까?
  Can I use this card?
  캐나이 유즈 디스 카-드

- 계산서를 합산해 주시겠어요?
  Could you please total up my bill?
  크쥬 플리이즈 토털 업 마이 빌

- 영수증을 주세요.
  Receipt, please.
  리시트 플리이즈

- 아메리칸 익스프레스 카드도 됩니까?
  Do you take American Express card?
  두 유 테이크 어메리컨 익스프레스 카-드

- 어떤 카드를 받습니까?
  What credit cards do you take?
  왓 크레딧 카-즈 두 유 테이크

- 즐겁게 보냈습니다.
  I enjoyed my stay here.
  아이 인조이드 마이 스테이 히어

- 현금으로 지불하겠습니다.
  Cash please.
  캐쉬 플리이즈

숙 박

 **계산 착오**

- 청구서가 틀린 것 같군요.

  I don't think this bill is correct.

  아이 돈 띵크 디스 빌 이즈 코렉트

- 총액수가 안 맞는 것 같은데요.

  I don't think this is the right total.

  아이 돈 띵크 디스 이즈 더 롸잇 토털

- 조금 많이 나온 것 같군요.

  This seems a little high.

  디스 씸스 어 리틀 하이

- 저는 룸서비스를 이용하지 않았는데, 청구서에 나와 있군요.

  I didn't call for room service, but it's on the bill.

  아이 디든 콜 포 룸 서비스 벗 잇츠 언 더 빌

- 이 서비스는 받지 않았는데요.

  I didn't get this service.

  아이 디든 겟 디스 서비스

- 나는 그것을 주문하지 않았어요.

  I didn't order it.

  아이 디든트 오더 잇

- 이 추가 요금은 뭔가요?

  What is this additional charge for?

  왓 이즈 디스 애디셔널 차-쥐 포

짐

- 포터를 불러주세요.
  A porter, please.
  어 포터 플리즈

- 방에 가방을 두고 온 것 같아요.
  I'm afraid I've left my bags in my room.
  아임 어프레이드 아이브 레프트 마이 백스 인 마이 룸

- 제 가방을 2시까지 맡아주십시오.
  Please keep my bag by 2.
  플리즈 킵 마이 백 바이 투

- 제 짐을 택시까지 들어주시겠어요?
  Could you carry my luggage to the taxi?
  크쥬 캐리 마이 러기쥐 투 더 택시

- 택시를 불러주세요.
  Call a cab, please.
  콜 어 캡 플리즈

숙박

 어휘

· 연장하다	extend	익스텐드
· 영수증	receipt	리시트
· 주문하다	order	오더
· 추가의	additional	애디셔널

투숙객	체크아웃하려고 합니다. I'd like to check out, please. 아이드 라익 투 체크아웃 플리이즈
직 원	방 번호를 알려주세요. Your room number, please. 유어 룸 넘버 플리이즈
투숙객	1박 더 하고 싶은데요. May I stay here for one more night? 메아이 스테이 히어 포 원 모어 나잇
직 원	물론이죠. 즐겁게 보내십시오. Sure. Enjoy your stay. 슈어 인조이 유어 스테이
투숙객	여행자 수표도 됩니까? Can I pay with traveler's checks? 캐나이 페이 위드 추레블러스 첵스
직 원	네. 여기 사인하세요. Yes. Sign here, please. 예스 사인 히어 플리이즈

미국의 숙박시설

YMCA와 YWCA

25~30불로 숙박이 가능하다. 중심지에 있으며, 주변에 편리한 시설이 많은 대신 건물이 낡고 서비스가 좋지 않은 것이 단점이다. 화장실과 샤워실은 공용이며, 스포츠 시설이 있다.

유스호스텔 (Youth Hostel)

회원은 누구나 이용할 수 있으며, 연령 제한은 없다. 요금은 도시에 따라 차이가 있는데, 1박에 1인당 $15~20로 싼 편이다. 원칙적으로는 예약이 필요있고 체크인 시간에 직접 가면 된다. 체크인은 대개 오후 5~8시, 체크아웃은 오전 9시 30분까지.

모텔

자동차여행시 빼놓을 수 없는 숙소. 도로변에 'vacancy' 또는 'no vacancy' 의 간판이 붙어 있어 차 안에서도 숙박 여부를 결정할 수 있다. 체크인과 체크아웃은 보통 정오인데 밤에도 'vacancy' 사인이 있으면 묵을 수 있다. 객실은 호텔과 마찬가지. 요금은 방 하나에 $30~50, 세금은 6~12%. 선불로 요금을 내며 신용카드를 쓸 수 없는 곳도 있다.

B & B (Bed and Breakfast)

'bed and breakfast' 의 약자로 개인이 경영하는 민박식 호텔. 일반가정에 묵는 것 같은 따뜻함을 느낄 수 있다. 숙박요금은 싱글 $50~100, 더블 $60~110로, 아침식사가 나온다. 시내중심가보다는 교외나 시골마을에 많으며, 서해안 쪽의 몬터레이와 카멜의 B&B는 바다가 보이는 로맨틱한 분위기로 특히 인기가 있다.

호텔

객실료와 조·중·석식을 포함하는 MAP(Modified American Plan), 객실료만 받고 식사는 제공하지 않는 EP(European Plan)로 분류되는데 리조트 호텔의 일부를 제외하고는 미국의 경우 대부분 EP를 채택하고 있다. 1급이라는 딱지가 붙은 호텔은 장소와 시즌에 따라 차이가 있지만 평균 트윈으로 1박에 $100 이상이다. 중급인 경우는 $50~70 정도. 그 이하인 $30~50인 숙박시설은 쾌적도나 치안면에서 문제가 있다.

❶ 유스호스텔

유스호스텔로 가는 길 좀 알려주시겠어요?
Can you tell me how to get to the Youth Hostel?
캔유 텔 미 하우 투 겟 투 더 유스호스텔

가는 길

- 몇 번 버스를 타야 합니까?

  Which bus do I take?

  위치 버스 두 아이 테이크

- 그곳에 걸어서 얼마나 걸립니까?

  How long does it take to walk down there?

  하우 롱 더즈 잇 테익 투 워크 다운 데어

- 오늘밤 6시까지 도착하겠습니다.

  I'll arrive there by six tonight.

  아일 어라이브 데어 바이 씩스 투나잇

- 체크인이 끝나는 시간은 몇 시입니까?

  What time does check-in end?

  왓 타임 더즈 체크인 엔드

- 공항에서 전화하는데요. 어떻게 가는지 알려주시겠어요?

  I'll calling from the airport. Could you tell me how to get there? 아일 쿨링 프롬 디 에어포트 크쥬 텔 미 하우 투 겟 데어

체류

- 여기서 오늘 밤 묵을 수 있나요?

  Do you think I can stay tonight?

  두 유 띵크 아이 캔 스테이 투나잇

- 하루에 얼마인가요?

  How much is it per night?

  하우 머취 이즈 잇 퍼 나잇

- 몇 일 묵으면 할인되나요?

  Is there a discount for staying several days?

  이즈 데어 어 디스카운트 포 스테잉 세브럴 데이즈

- 아침식사는 얼마입니까?

  How much for breakfast?

  하우 머취 포 브렉퍼스트

- 하루 더 묵고 싶습니다.

  I'd like to stay one day more.

  아이드 라익 투 스테이 원 데이 모어

- 회원은 할인됩니까?

  Do you have any discounts for members?

  두 유 해브 애니 디스카운츠 포 멤버스

- 주의할 사항이 있습니까?

  Is there any duty?

  이즈 데어 애니 듀티

숙박

시설 이용

- 락커 사용하는 방법을 알려주시겠어요?

    Could you tell me how to use the locker?

    크쥬 텔 미 하우 투 유즈 더 락커

- 시트를 새로 얻을 수 있을까요?

    Can I get the new sheets?

    캐나이 겟 더 뉴 시츠

- 취사할 수 있나요?

    Can I cook for myself?

    캐나이 쿡 포 마이셀프

- 오늘 밤 이용할 침대가 있습니까?

    Do you have a bed available tonight?

    두 유 해브 어 베드 어베일러블 투나잇

- 세탁기가 있나요?

    Is there a washing machine?

    이즈 데어 어 와싱 머신

- 근처에 마켓이 있나요?

    Is there a free market near here?

    이즈 데어 어 프리 마켓 니어 히어

- 샤워기는 언제 사용할 수 있나요?

    When can I use the shower?

    웬 캐나이 유즈 더 샤워

식사

1. 레스토랑 예약과 안내
2. 식사 주문
3. 음식
4. 식탁에서
5. 후식(디저트) 주문
6. 음료 주문
7. 패스트푸드점
8. 계산하기

❶ 레스토랑 예약과 안내

오늘 저녁 4인석으로 예약 부탁드립니다.

Please reserve a table for four this evening.

플리즈 리저-브 어 테이블 포 포 디스 이브닝

 유용한 표현

- 거기 예약이 필요합니까?

  Do I need a reservation?

  두 아이 니드 어 레저베이션

- 전망이 좋은 테이블로 부탁합니다.

  I would like to have a table with a nice view, please.

  아이 우드 라익 투 해브 어 테이블 위드 어 나이스 뷰 플리이즈

- 금연석으로 주세요.

  Can I have a table in a nonsmoking area?

  캐나이 해브 어 테이블 인 어 넌스모우킹 에어리어

- 언제 도착하실 건가요?

  What time will you be arriving?

  왓 타임 윌 유 비 어라이빙

- 죄송하지만 예약시간을 맞출 수 없을 것 같아요.

  I'm sorry but we can't make our reservation.

  아임 쏘리 벗 위 캔 메이크 아우어 레저베이션

- 예약을 취소하고 싶습니다.
  I'd like to cancel the reservation.
  아이드 라익 투 캔슬 더 레저베이션

- 4명이 앉을 자리가 있습니까?
  Table for four?
  테이블 포 포어

- 창가에 앉고 싶어요.
  I'd like to sit by the window.
  아이드 라익 투 씻 바이 더 윈도우

- 어느 정도 기다리나요?
  How long will it take?
  하우 롱 윌 잇 테이크

식사

깜짝센스

레스토랑 찾기

여행지에서 좋은 레스토랑을 찾으려면 거리의 관광 안내소나 호텔 안내 데스크에서 상담한다. 여행잡지나 가이드 북에 소개되어 있는 레스토랑을 이용할 경우에는 정보가 오래된 것은 아닌지 전화하거나 확인해 보고 방문하는 것이 좋다.

여행자	예약 좀 해주시겠어요? **Would you make a reservation for us?** 우쥬 메이크 어 레저베이션 포 엇스
예약부	네. **Yes, sure.** 예스 슈어

예약부	몇 분이십니까? **How many are with you?** 하우 매니 아 위드 유
여행자	네 명입니다. **We're four.** 위아 포어

여행자	정장을 해야 합니까? **Should I get dressed?** 슈다이 겟 드레스드
예약부	예. 정장을 하셔야 합니다. **Yes, you have to be dressed up.** 예스 유 해브 투 비 드레스드 업

레스토랑에서

레스토랑에 도착하면 예약 여부를 알려준 다음 안내를 기다린다. 예약을 하지 않은 경우에는 만원으로 거절당하거나 자리가 날 때까지 기다려야 하는 경우도 있다. 기다리는 시간이 길어질 경우를 대비해서 그 자리에서 예약을 해두면 좋다. 짐이나 코트 등을 맡아 주는지 확인해 둔다. 귀가시간이 늦어질 경우를 대비해서 귀가 택시를 확실히 수배해 둔다. 요리를 주문할 때에는 메뉴를 잘 읽고 웨이터의 조언을 참고해서 천천히 검토한다.

식 사

❷ 식사 주문

저것과 같은 것으로 주세요.
Give me the same dish as that.
깁미 더 세임 디쉬 애즈 댓

유용한 표현

- 추천 요리는 뭡니까?
  What would you recommend?
  왓 우쥬 레코멘드

- 메뉴를 주세요.
  Menu, please.
  메뉴 플리이즈

- 주문해도 됩니까?
  Will you take our order?
  윌 유 테이크 아우어 오더

- (손으로 가리키며) 이것과 이것을 주세요.
  I'll have this and this.
  아일 해브 디스 앤 디스

- 여기 주문 받으세요.
  May I order please?
  메아이 오더 플리이즈

- 스페셜 요리는 무엇입니까?
  What is your specialty?
  왓 이즈 유어 스페셜티

- 시간이 더 필요합니다.
  I need a bit more time.
  아이 니드 어 비트 모어 타임

- (메뉴판을 가리키며) 이걸로 할게요.
  I'll take this.
  아일 테이크 디스

- 같은 걸로 주십시오.
  The same, please.
  더 세임 플리즈

- 주문을 변경해도 됩니까?
  May I change my order?
  메아이 체인쥐 마이 오더

- 세트메뉴 있습니까?
  Do you have any set menu?
  두 유 해브 애니 셋 메뉴

- 실례합니다. 드시고 계시는 것은 뭐라고 합니까?
  Excuse me. May I ask the name of your dish?
  익스큐즈 미 메아이 애스크 더 네임 어브 유어 디쉬

식사

손님	메뉴를 보고 싶은데요. **I'd like a menu, please.** 아이드 라이크 어 메뉴 플리즈
웨이터	메뉴 여기 있습니다. **Here is our menu, please.** 히어 이즈 아우어 메뉴 플리즈
웨이터	주문하시겠습니까? **Are you ready to order now?** 아유 레디 투 오더 나우
손님	아직 결정하지 못했습니다. 잠시만요. **I haven't decided yet. Just a minute, please.** 아이 해븐트 디싸이디드 옛 저스트 어 미닛 플리즈
웨이터	고기는 어떻게 요리해 드릴까요? **How would you like your meat cooked?** 하우 우쥬 라익크 유어 미트 쿡트
손님	미디엄으로 주세요. **Medium, please.** 미디엄 플리즈

깜짝센스

식사 예절

- 웨이터나 웨이츄레스를 부를 때에는 손짓을 하거나 큰 소리로 부르지 말고 가볍게 손을 들면 된다.
- 동석한 남성에게 여성이 와인이나 맥주를 따르는 것은 좋지 않다. 남성이 따르는 것은 상관없다.
- 테이블에 앉은 채로 화장을 고치지 말 것. 화장실을 이용하자.
- 냅킨은 목에 걸지 않고 두 번 접어서 무릎 위에 올려 놓는다. 손이나 입을 닦을 때는 뒷면을 이용한다. 자리에서 일어설 때는 의자 한쪽 끝에 올려 놓고 식사를 마치면 테이블 위에 올려 놓는다.
- 나이프와 포크는 바깥쪽에서부터 순서대로 사용한다. 롤빵은 한입씩 떼어 버터를 발라 먹는다. 토스트는 버터를 바르고 그릇 위에서 찢어 먹는다.
- 입안에 음식물이 든 채로 와인을 마시지 않는다. 식사 중에는 소리를 내지 않도록 한다. 담배는 디저트 먹을 때까지 참을 것.
- 팔을 뻗어서 다른 사람 앞에 있는 물건을 가져오지 않는다. 가져오고 싶을 때는 가까이 있는 사람에게 부탁한다. 물건을 바닥에 떨어뜨렸을 때는 자신이 줍지 말고 웨이터나 웨이츄레스를 불러서 주워달라고 한다.

식사

가자미	Sole 소울	샐러드	Salad 샐러드
게	Oyster 오이스터	과일	Fruit 프룻
연어	Salmon 새먼	돼지고기	Pork 포크
쇠고기	Beef 비프	닭고기	Chicken 치큰
송아지고기	Veal 비-얼	밥 종류	Rice 라이스
백포도주	White Wine 와잇 와인	굽다	Roast 로우스트
적포도주	Red Wine 레드 와인	후라이한 것	Fried 프라이드
맥주	Beer 비어		

❸ 음식

> 정말 맛있네요.
> ***It's very delicious.***
> 잇츠 베리 딜리셔스

유용한 표현

- 잘 안 익었는데요.
  This isn't cooked completely.
  디스 이즌트 쿡트 컴플릿틀리

- 주문한 음식이 아직 안 나왔어요.
  I didn't get my food yet.
  아이 디든 겟 마이 푸드 옛

- 이것은 제가 주문한 것이 아닌데요.
  Excuse me, this is not my order.
  익스큐즈 미 디스 이즈 낫 마이 오더

- 다시 가져가 주시겠습니까?
  Could you take it back, please?
  크쥬 테이크 잇 백 플리즈

- 싱겁군요.
  It tastes flat.
  잇 테이스츠 플랫

- 맛이 이상한데요.
  This tastes strange.
  디스 테이스츠 스트레인쥐

- 남은 음식을 포장해 주시겠어요?
  Could you put this in a doggie-bag, please?
  크쥬 풋 디스 인 어 도기 백 플리이즈

- 이것은 신선하지 않아요.
  This isn't fresh.
  디스 이즌트 프레쉬

- 이것은 제가 주문한 것이 아닙니다.
  This is not my order.
  디스 이즈 낫 마이 오더

- 이 스테이크는 너무 익혔는데요.
  I'm afraid this steak is over done.
  아임 어프레이드 디스 스테이크 이즈 오버 던

식
사

 어 휘

· 완전히	completely	컴플릿틀리
· 싱거운	flat	플랫
· 봉지	doggie bag	도기 백
· 너무 익힌	over done	오버 던

손님 음식에 머리카락이 들어 있어요.
There is a hair in my food.
데어 이즈 어 헤어 인 마이 푸드

웨이터 정말 죄송합니다. 새걸로 다시 가져다 드리겠습니다.
I'm terribly sorry. I'll get you a new one.
아임 테러블리 쏘리 아일 겟 유 어 뉴 원

손님 이 고기는 충분히 익지 않았어요.
This meat isn't done well enough.
디스 밋 이즌트 돈 웰 이너프

웨이터 충분히 익혀달라고 하셨나요?
Did you order it well-done?
디쥬 오더 잇 웰 던

테이블 세팅 Table Setting

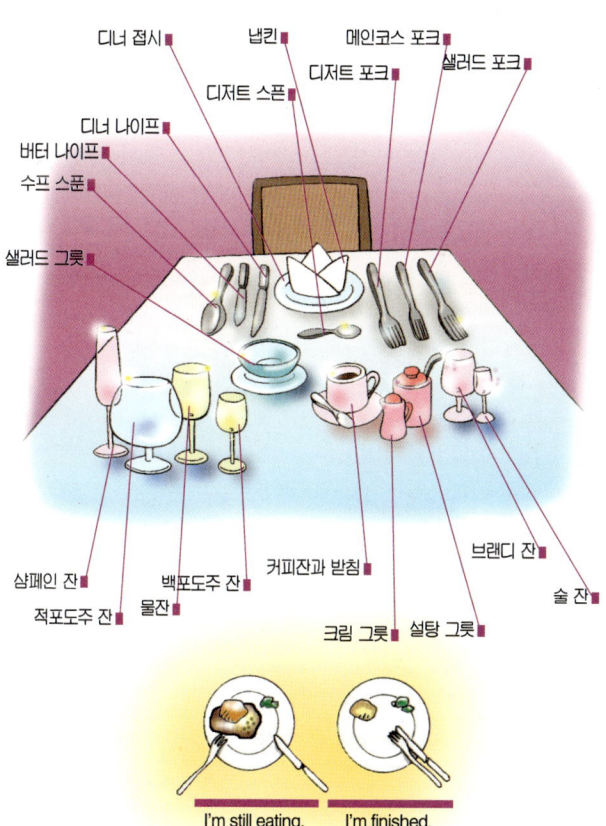

- 디너 접시
- 냅킨
- 메인코스 포크
- 디저트 스푼
- 디저트 포크
- 샐러드 포크
- 디너 나이프
- 버터 나이프
- 수프 스푼
- 샐러드 그릇
- 샴페인 잔
- 적포도주 잔
- 백포도주 잔
- 물잔
- 커피잔과 받침
- 크림 그릇
- 설탕 그릇
- 브랜디 잔
- 술 잔

식 사

I'm still eating.
(아직 식사중입니다.)

I'm finished.
(식사를 마쳤습니다.)

❹ 식탁에서

소금 좀 건네주세요.
Please pass me the salt.
플리이즈 패스 미 더 솔트

유용한 표현

- 빵을 더 주세요.
  Some more bread, please.
  썸 모어 브레드 플리이즈

- 담배를 피워도 되겠습니까?
  May I smoke?
  메아이 스모우크

- 포크를 새로 가져다 주세요.
  Another fork, please.
  어나더 포크 플리이즈

- 접시 한 개 더 주시겠습니까?
  Could you bring us another plate, please?
  크쥬 브링 엇스 어나더 플레잇 플리이즈

- 이것을 치워주시겠습니까?
  Can you take this away, please?
  캔 유 테이크 디스 어웨이 플리이즈

- 죄송합니다, 컵을 깼습니다.
  I'm sorry, I broke a glass.
  아임 쏘리 아이 브로우크 어 글래스

- 수저를 떨어뜨렸습니다.
  I dropped a spoon.
  아이 드롭트 어 스푼

- 리필해 주십시오.
  Can I get a refill, please?
  캐나이 겟 어 리필 플리이즈

- 테이블 좀 치워주시겠어요?
  Could you please clear off the table?
  크쥬 플리이즈 클리어 어프 더 테이블

- 재떨이를 주세요.
  I'd like an ashtray, please.
  아이드 라이크 언 애쉬트레이 플리이즈

- 남은 것을 포장해 주시겠어요?
  Will you wrap it up?
  윌 유 뢥 잇 업

- 냅킨 좀 가져다 주시겠어요?
  Could you bring me some napkins?
  크쥬 브링 미 썸 냅킨즈

식

사

❺ 후식(디저트) 주문

디저트로는 무엇이 있습니까?
What would you like for dessert?
왓 우쥬 라이크 포 디저트

유용한 표현

- 디저트로 애플파이를 주세요.

  Apple pie for dessert, please.

  애플 파이 포 디저트 플리이즈

- 아이스 크림과 과일이 있습니다.

  Ice cream and apple pie are available.

  아이스 크림 앤 애플 파이 아 어베일러블

- 디저트로 뭘 드시겠습니까?

  What would you like for dessert?

  왓 우쥬 라이크 포 디저트

- 지금 디저트를 주문하시겠습니까?

  Would you like to order dessert now?

  우쥬 라익 투 오더 디저트 나우

- 식사에 디저트가 포함되어 있나요?

  Is dessert included in dinner?

  이즈 디저트 인클루디드 인 디너

- 디저트는 생략하겠습니다.
  I'll skip the dessert.
  아일 스킵 더 디저트

- 배가 불러서 디저트는 못 먹을 것 같아요.
  I'm afraid I have no more room for dessert.
  아임 어프레이드 아이 해브 노우 모어 룸 포 디저트

- 치즈 좀 더 주시겠어요?
  Could I have a little more cheese, please?
  쿠다이 해브 어 리틀 모어 치즈 플리이즈

식
사

❻ 음료 주문

음료수는 무엇이 있습니까?
What kind of drinks do you have?
왓 카인 어브 드링크스 두 유 해브

 유용한 표현

- 식사 전에 마실 만한 것 없나요?

  Is there anything to drink before meals?
  이즈 데어 애니띵 투 드링크 비포어 밀즈

- 와인 리스트를 보여주시겠어요?

  Can I have a wine list, please?
  캐나이 해브 어 와인 리스트 플리이즈

- 백포도주 한 잔 부탁드립니다.

  A glass of white wine, please.
  어 글래스 어브 와잇 와인 플리이즈

- 칵테일에는 어떤 종류가 있나요?

  What kind of cocktails, available?
  왓 카인 어브 칵테일스 어베일러블

- 식전/식후에 커피를 마시고 싶은데요.

  I'd like coffee before/after the meal.
  아이드 라이크 커피 비포어/애프터 더 밀

- 커피 좀 더 마실 수 있을까요?
  Can I have more coffee?
  캐나이 해브 모어 커피

- 물 좀 더 주세요.
  Some more water, please.
  썸 모어 워러 플리즈

- 콜라 리필해 주시겠어요?
  Could I have a refill on my coke, please?
  쿠다이 해브 어 리필 언 마이 코우크 플리즈

식사

레스토랑 관련어

식당	restaurant	레스토런트
식사	meal	밀
주문	order	오더
메뉴	menu	메뉴
아침식사	breakfast	브렉퍼스트
점심식사	lunch	런치
저녁식사	dinner/supper	디너/써퍼
프랑스요리	French food	프렌치 푸드
중국요리	Chinese food	차이니즈 푸드
토속음식	local food	로컬 푸드

웨이터	커피를 더 드시겠습니까? **Would you like more coffee?** 우쥬 라이크 모어 커피
손님	아니오. 됐어요. **No, thank you.** 노우 땡 큐
손님	우유 좀 데워 주세요. **Please warm this milk.** 플리즈 웜 디스 미얼크
웨이터	알겠습니다. 잠시만 기다리세요. **I got it. Wait for a while.** 아이 갓 잇 웨잇 포 어 와일
웨이터	와인은 뭘로 하시겠습니까? **What kind of wine would you like?** 왓 카인 어브 와인 우쥬 라이크
손님	샤토우로 주세요. **Chateau, please.** 쉐토우 플리이즈

요리 관련어

· 식전술	aperitif	아페리티프
· 전채요리	appetizer	에피타이저
· 주요리	main dishes	메인 디쉬즈
· 일품요리	a la carte	알 라 카르뜨

· 샐러드	salad	샐러드
· 수프	soup	수프
· 맑은 수프	consomme	콘소메이
· 진한 수프	potage	포타지
· 빵	bread	브레드
· 콘프레이크	cornflakes	콘플레익스

· 스테이크	steak	스테이크
· 돼지고기	pork	포크
· 닭고기	chicken	치큰
· 양고기	mutton	머튼
· 쇠고기	beef	비프

· 생선	fish	피쉬
· 해물요리	seafood	씨푸드
· 바다가재	lobster	랍스터
· 게	crab	크랩

식사

❼ 패스트푸드점

햄버거와 콜라를 주세요.
Hamburger and coke, please.
햄버거 앤 코욱 플리이즈

 유용한 표현

- B세트 하나 주세요.

  A set of B, please.

  어 셋 어브 비 플리이즈

- 감자튀김 있나요?

  Do you have French fries here?

  두 유 해브 프렌치 프라이스 히어

- 여기서 먹을 거에요.

  I'll eat here, please.

  아일 잇 히어 플리이즈

- 양파/피클은 빼고 주세요.

  Hold onions/the pickles, please.

  호울드 오니언스/더 피클스 플리이즈

- 앉을 곳이 있나요?

  Any places to sit down?

  애니 플레이시스 투 싯 다운

- 콜라에 얼음을 더 넣어주시겠음요?
  Can I have more ice in my coke?
  캐나이 해브 모어 아이스 인 마이 코우크

- 음료수에서 얼음은 빼 주세요.
  No ice in my drink, please.
  노우 아이스 인 마이 드링크 플리즈

- 토핑은 뭘로 하시겠습니까?
  What would you like on that?
  왓 우쥬 라이크 언 댓

- 여기서 드실 건가요, 가지고 가실 건가요?
  Here or to go, sir?
  히어 오어 투 고우 써

- 가져 갈 거에요. / 여기서 먹을 거에요.
  I'll take them out. / I'll eat here.
  아일 테이크 뎀 아웃 / 아일 잇 히어

- 햄버거에 뭘 넣어 넣어드릴까요?
  What would you like on your hamburger?
  왓 우쥬 라이크 언 유어 햄버거

- 감자튀김 추가해 주세요.
  And then, please add a French fries.
  앤 덴 플리즈 애드 어 프렌치 프라이스

식사

❽ 계산하기

계산을 해 주세요.
Check, please.
체크 플리이즈

 유용한 표현

- 선불입니까?
  Do I pay first?
  두 아이 페이 퍼스트

- 여행자수표나 신용카드 받습니까?
  Do you accept traveler's check or credit card?
  두 유 어셉트 추래블러스 체크 오어 크레딧 카-드

- 계산서는 봉사료가 포함된 건가요?
  Does the bill include the service charge?
  더즈 더 빌· 인클루드 더 서비스 차-쥐

- 제가 내겠습니다.
  This is on me.
  디스 이즈 언 미

- 계산은 따로따로 부탁합니다.
  We want to pay separately.
  위 원투 페이 세퍼레잇틀리

관광

1. 관광 안내소
2. 여행 자료
3. 길 안내
4. 사진 촬영
5. 미술관 · 박물관
6. 공연장
7. 영화관
8. 스포츠와 레포츠
9. 술집
10. 디스코장

① 관광 안내소

여기서 예약할 수 있습니까?
Can I make a reservation here?
캐나이 메이크 어 레저베이션 히어

 관광 예약

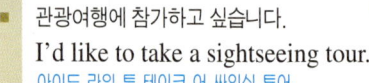

- 관광여행에 참가하고 싶습니다.
  I'd like to take a sightseeing tour.
  아이드 라익 투 테이크 어 싸잇싱 투어

- 야간 관광이 있습니까?
  Do you have a night tour?
  두 유 해브 어 나잇 투어

- 이곳에서 여행 신청을 할 수 있나요?
  Can I sign up here for a tour?
  캐나이 싸인 업 히어 포 어 투어

- 옵션투어에 참가하고 싶습니다.
  I'd like to join an optional tour.
  아이드 라익 투 조인 언 옵셔널 투어

- 이번 주 토요일로 예약하겠습니다.
  I'll make a reservation this Saturday.
  아일 메이크 어 레저베이션 디스 세러데이

시내 관광

- 시내 관광이 있나요?

  Are there any city tours?
  아 데어 애니 시티 투어스

- 하루 관광이 있습니까?

  Do you have a full-day tour?
  두 유 해브 어 풀 데이 투어

- 어떤 투어가 인기 있습니까?

  Which sightseeing tour is popular?
  위치 싸잇싱 투어 이즈 팝퓰러

- 정원은 몇 명인가요?

  How many people can go?
  하우 매니 피-플 캔 고우

- 어린이 요금은 있습니까?

  Is there a special fare for children?
  이즈 데어 어 스페셜 페어 포 칠드런

- 어디에서 숙박하나요?

  Where are your accommodations?
  웨어 아 유어 어카머데이션즈

- 언제 출발하나요?

  What time does it start?
  왓 타임 더즈 잇 스타트

관광

 **가이드**

- 가이드가 동행하나요?
  With a guide?
  위드 어 가이드

- 관광 가이드를 고용하고 싶어요.
  I'd like to hire a tour guide.
  아이드 라익 투 하이어 어 투어 가이드

- 시내관광 안내를 부탁합니다.
  City sightseeing information, please.
  시티 싸잇싱 인포메이션 플리이즈

- 한국인 가이드가 있습니까?
  Is there a Korean guide?
  이즈 데어 어 코리언 가이드

- 관광할 곳을 알려주세요.
  Tell me the places we'll visit.
  텔 미 더 플레이시스 위일 비짓

 **교통편**

- 시내는 어떻게 갑니까?
  How can I get to downtown?
  하우 캐나이 겟 투 다운타운

- 어떻게 가면 되나요?

  How can I go there?

  하우 캐나이 고우 데어

- 걸어서 갈 수 있습니까?

  Walking distance?

  워킹 디스턴스

- 이 지도에 표시를 해 주시겠습니까?

  Would you check the place on this map?

  우쥬 체크 더 플레이스 언 디스 맵

관광

 여행지 추천

- 좋은 장소를 추천해 주십시오.

  Recommend good places.

  레코멘드 굿 플레이시스

- 재미있는 장소를 추천해 주시겠어요?

  Could you recommend some interesting places?

  크쥬 레코멘드 썸 인터레스팅 플레이시스

- 명소나 유적이 있나요?

  Are there any famous places or historical sites?

  아 데어 애니 페이머스 플레이시스 오어 히스토리컬 싸이츠

- 그곳은 무엇으로 유명합니까?

    What's it famous for?
    왓츠 잇 페이머스 포

- 이 도시의 구경거리를 추천해 주시겠어요?

    Will you suggest some interesting places to visit city?
    윌 유 써제스트 썸 인터레스팅 플레이시스 투 비짓 시티

- 교외의 구경거리를 가르쳐 주시겠어요?

    Will you tell me some interesting places in the suburbs?
    윌 유 텔 미 썸 인터레스팅 플레이시스 인 더 서버브스

- 색다른 곳을 가르쳐 주시겠습니까?

    Could you tell me about some interesting sights in this city?
    쿠쥬 텔 미 어바웃 썸 인터레스팅 싸잇츠 인 디스 시티

여행 일정

- 몇 시에 어디에서 기다리면 됩니까?

    What time and where should we wait?
    왓 타임 앤 웨어 슈드 위 웨이트

- 점심 포함입니까?

    Is lunch included?
    이즈 런치 인클루디드

- 이 여행에 대해 자세히 말해 주십시오.

    Tell me the details, please.
    텔 미 더 디테일즈 플리이즈

- 옵션 관광이 있나요?

    Do you have any optional tour?
    두 유 해브 애니 옵셔널 투어

- 교통편은 무엇을 이용합니까?

    What transportation will we use?
    왓 트랜스포테이션 윌 위 유즈

- 투어 기간 중 숙박은 어디서 합니까?

    Where can we stay during the tour?
    웨어 캔 위 스테이 듀어링 더 투어

관광

 어휘

· 관광 여행	sightseeing tour	싸잇싱 투어
· 숙박시설	accommodation	어카머데이션
· 고용하다	hire	하이어
· 추천하다	recommend	레코멘드

❷ 여행 자료

관광안내 책자를 주십시오.
A sightseeing pamphlet, please.
어 싸잇싱 팸플릿 플리이즈

유용한 표현

- 무료 도시지도가 있습니까?

    Is there a free city map?
    이즈 데어 어 프리 시티 맵

- 관광지도를 얻을 수 있을까요?

    Can I have a sightseeing map?
    캐나이 해브 어 싸잇싱 맵

- 번화가의 지도가 있나요?

    Do you have a map of the downtown area?
    두 유 해브 어 맵 어브 더 다운타운 에어리어

- 이 팜플렛 한 권을 가져도 될까요?

    May I take one of these brochures?
    메아이 테이크 원 어브 디즈 브로셔스

- 버스 노선도가 있습니까?

    Do you have a bus route map?
    두 유 해브 어 버스 루트 맵

- 이 지역의 안내서를 얻고 싶어요.
  I'd like a guide book for this area, please.
  아이드 라이크 어 가이드 북 포 디스 에어리어 플리이즈

- 시내 지도를 주시겠습니까?
  Can I have a city map?
  캐나이 해브 어 시티 맵

- 공공 교통기관의 노선표가 있습니까?
  Do you have a public transportation route map?
  두 유 해브 어 퍼블릭 트랜스포테이션 루트 맵

- 관광 버스 팜플렛은 있습니까?
  Do you have any brochures for the sightseeing bus?
  두 유 해브 애니 브로셔스 포 더 싸잇싱 버스

 어 휘

· 관광지도	sightseeing map	싸잇싱 맵
· 시내	downtown	다운타운
· 안내책자	brochure	브로셔
· 교통	transportation	트랜스포테이션

❸ 길 안내

여기가 어디입니까?
Where am I now?
웨어 앰 아이 나우

유용한 표현

- 여보세요!
  Excuse me!
  익스큐즈 미

- 길을 잃었어요.
  I'm lost.
  아임 로스트

- 이 지도에 표시를 해 주시겠습니까?
  Will you show me on this map?
  윌 유 쇼우 미 언 디스 맵

- 역으로 가는 길을 가르쳐 주시겠습니까?
  Will you tell me the way to the station?
  윌 유 텔 미 더 웨이 투 더 스테이션

- 여기서 가깝습니까?
  Is it near here?
  이즈 잇 니어 히어

- 이 거리의 이름은 무엇입니까?

  What is the name of this street?

  왓 이즈 더 네임 어브 디스 스트릿

- 링컨 박물관에는 어떻게 가나요?

  How do I go to Lincoln Museum?

  하우 두 아이 고우 투 링컨 뮤지엄

- 버스정류장은 어디 있나요?

  Where is the bus stop?

  웨어 이즈 더 버스 스탑

- 출구/엘리베이터는 어디 있나요?

  Where is the exit/elevator, please?

  웨어 이즈 디 엑시트/엘리베이러 플리이즈

- 택시로 얼마나 걸리나요?

  How long does it take by taxi?

  하우 롱 더즈 잇 테이크 바이 택시

- 이 지도상에서 저의 위치는 어디인가요?

  Where am I now on this map?

  웨어 앰 아이 나우 언 디스 맵

- 저 건물은 무엇입니까?

  What building is that?

  왓 빌딩 이즈 댓

관광

여행자	하이드 파크로 가는 길을 알려주시겠어요? **Please tell me the way to hyde Park?** 플리이즈 텔 미 더 웨이 투 하이드 파크
행인	네. 곧장 두 블럭 더 가세요. **Sure. Go straight for two more blocks.** 슈어 고우 스트레잇 포 투 모어 블럭스
여행자	택시로 얼마나 걸리나요? **How long does it take by taxi?** 하우 롱 더즈 잇 테이크 바이 택시
여행자	5분 정도 걸립니다. **It takes about 5 minutes.** 잇 테익스 어바웃 파이브 미닛츠
여행자	걸어서 어느 정도 걸립니까? **How long does it take on foot?** 하우 롱 더즈 잇 테이크 언 풋
행인	30분 정도입니다. **About 30 minutes.** 어바웃 떠리 미닛츠

관광 관련어

관광	sightseeing	싸잇싱
명소	famous spots	페이머스 스팟츠
박람회	fair/exposition	페어/익스포지션
박물관	museum	뮤지엄
화랑	art gallery	아트 갤러리
전시장	exhibition	엑서비션
동물원	zoo	주
식물원	botanical garden	보태니컬 가든
수족관	aquarium	아쿠아리엄
공원	park	파크
유원지	recreation ground	레크리에이션 그라운드
축제	festival	페스티벌
행사	event	이벤트
연중행사	annual event	애뉴얼 이벤트

❹ 사진 촬영

여기서 사진을 찍어도 되나요?
May I take pictures here?
메아이 테이크 픽춰스 히어

유용한 표현

- 당신의 사진을 찍어도 될까요?

  May I take your picture?
  메아이 테이크 유어 픽춰

- 저랑 포즈좀 취해 주실래요?

  Would you pose with me?
  우쥬 포우즈 위드 미

- 치즈 하세요!

  Say cheese!
  세이 치즈

- 죄송하지만, 셔터를 눌러 주시겠습니까?

  Excuse me! Would you press the shutter?
  익스큐즈 미 우쥬 프레스 더 셔터

- 누르기만 하면 됩니다.

  Just push the button.
  저스트 푸쉬 더 버튼

- 한 장 더 부탁합니다.
  One more, please.
  원 모어 플리이즈

- 여기에 서 주세요.
  Stand here, please.
  스탠드 히어 플리이즈

- 플래시를 사용할 수 있습니까?
  May I use a flash?
  메아이 유즈 어 플래쉬

- 배터리를 파는 곳이 어디입니까?
  Where can I buy a battery?
  웨어 캐나이 바이 어 배터리

관광

사진 관련어

현상	develop	디벨로프
인화	contact prints	컨텍트 프린츠
컬러필름	color film	컬러 필름
슬라이드 필름	slide film	슬라이드 필름
흑백필름	black and white film	블랙 앤 와잇 필름
건전지	battery	배터리
사진촬영 금지	no photographs	노우 포토그랩스
플래쉬 금지	no flashbulbs	노우 플래쉬벌브스

❺ 미술관 · 박물관

입장료는 얼마입니까?
How much is the admission?
하우 머취 이즈 디 어드미션

유용한 표현

- 표는 어디에서 살 수 있습니까?
  Where can I buy a ticket?
  웨어 캐나이 바이 어 티켓

- 단체 할인됩니까?
  Do you have a group discount?
  두 유 해브 어 그룹 디스카운트

- 안내해 주시는 분이 있나요?
  Is there anyone who can guide me?
  이즈 데어 애니원 후 캔 가이드 미

- 출구는 어디입니까?
  Where is the exit?
  웨어 이즈 디 엑시트

- 포스터 견본이 있습니까?
  Is there a sample of this poster?
  이즈 데어 어 샘플 어브 디스 포스터

- 입장해도 됩니까?

    Can I get in?
    캐나이 겟 인

- 재입장이 가능합니까?

    Can I reenter?
    캐나이 리엔터

- 한국어로 된 안내문이 있습니까?

    Do you have a brochure in Korean?
    두 유 해브 어 브로셔 인 코리언

- 이 카드로 싸게 됩니까?

    Can you discount by this card?
    캔 유 디스카운트 바이 디스 카-드

- 몇 시에 문을 닫습니까?

    When is the closing time?
    웬 이즈 더 클로우징 타임

- 박물관 휴관일은 언제입니까?

    What day of the week is the museum closed?
    왓 데이 어브 더 윅 이즈 더 뮤지엄 클로우즈드

- 몇 시에 개관하고 몇 시에 폐관합니까?

    What time does it open and what time does it close?
    왓 타임 더즈 잇 오픈 앤 왓 타임 더즈 잇 클로우즈

관광

여행자	성인 두 장 주세요. **Two adults, please.** 투 어덜츠 플리이즈
직원	20달러입니다. **20 dollars.** 트웨니 달러즈
여행자	팜플렛은 있나요? **Can I get a pamphlet, please?** 캐나이 겟 어 팸플릿 플리이즈
직원	매점에 있습니다. **You can get one at the shop.** 유 캔 겟 원 앳 더 샵
여행자	엽서는 있습니까? **Do you have post cards?** 두 유 해브 포스트 카즈
직원	예, 입구에서 팝니다. **Yes, in front of gate.** 예스 인 프론트 어브 게이트

미술관·박물관 표시

- 입장료 무료
  ADMISSION FREE 어드미션 프리

- 개관시간 오전 10시
  OPENING TIME 10 A.M. 오프닝 타임 텐 에이엠

- 폐관시간 오후 7시
  CLOSING TIME 7 P.M. 클로우징 타임 세븐 피엠

- 휴관
  CLOSED 클로우즈드

- 관계자 외 출입금지
  STAFF ONLY 스태프 온니

- 자료실
  ARCHIVES 아카이브스

- 출입금지
  NO ADMITTANCE/KEEP OUT/NO ENTRANCE
  노우 어드미턴스/킵 아웃/ 노우 엔트런스

- 사진 촬영 금지
  PHOTOGRAPHY PROHIBITED 포토그래피 프로히비티드

- 스케치 금지
  NO SKETCHING 노우 스케칭

- 분실계
  LOST & FOUND 로스트 앤 파운드

- 고장
  OUT OF ORDER 아웃 어브 오더

관 광

⑥ 공연장

오늘 밤 무슨 공연을 합니까?
What's on tonight?
왓츠 언 투나잇

 유용한 표현

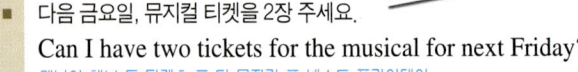

- 다음 금요일, 뮤지컬 티켓을 2장 주세요.
  Can I have two tickets for the musical for next Friday?
  캐나이 해브 투 티켓츠 포 더 뮤지컬 포 넥스트 프라이데이

- 좋은 자리로 주세요.
  I want a good seat.
  아이 원트 어 굿 씻

- 언제 자리를 구할 수 있습니까?
  When are there seats available?
  웬 아 데어 씻츠 어베일러블

- 오페라는 어디서 볼 수 있습니까?
  Where can I see an opera?
  웨어 캐나이 씨 언 아퍼러

- 티켓은 여기서 살 수 있습니까?
  Can I buy the ticket here?
  캐나이 바이 더 티켓 히어

■ 좌석 안내도가 있습니까?
Can I have a guide to the seating?
캐나이 해브 어 가이드 투 더 씨팅

■ 몇 시에 시작합니까?
What time does it begin?
왓 타임 더즈 잇 비긴

■ 몇 시에 끝납니까?
What time will it be over?
왓 타임 윌 잇 비 오버

관광

공연 관련어

· 음악회	concert	칸서트
· 음악당	concert hall	칸서트 홀
· 극장	theater	씨어터
· 영화관	movie theater	무비 씨어터
· 야외극장	drive-in theater	드라이브 인 씨어터
· 쇼	show	쇼우
· 연극	play	플레이
· 뮤지컬	musical	뮤지컬
· 오페라	opera	아퍼러
· 발레	ballet	밸레이
· 영화	movie	무비

⑦ 영화관

몇 시 표가 있습니까?
At what time is the movie showing?
앳 왓 타임 이즈 더 무비 쇼잉

유용한 표현

- 영화관은 어디 있습니까?
  Where is the movie theater?
  웨어 이즈 더 무비 씨어터

- 영화를 보고 싶습니다.
  I want to see a movie.
  아이 원투 씨 어 무비

- 표 두 장 주세요.
  Let me have two tickets.
  렛 미 해브 투 티켓츠

- 입장료는 얼마입니까?
  How much is the admission?
  하우 머취 이즈 디 어드미션

- 지금 인기 있는 것은 무엇입니까?
  What is popular now?
  왓 이즈 팝퓰러 나우

- 자리는 있습니까?

  Are there any seats?
  아 데어 애니 씻츠

- 이 자리는 비어 있습니까?

  Is this seat taken?
  이즈 디스 씻 테이큰

- 입석이 있습니까?

  Do you have standing seat?
  두 유 해브 스탠딩 씻

어휘

· 극장	theater	씨어터
· 인기 있는	popular	팝풀러
· 입석	standing seat	스탠딩 씻

8 스포츠와 레포츠

테니스/골프를 하고 싶습니다.
I'd like to play tennis/golf.
아이드 라익 투 플레이 테니스/골프

유용한 표현

- 카누/낚시/스쿠버 다이빙을 타고 싶습니다.
  I want to go canoeing/fishing/scuba diving.
  아이 원투 고우 커누잉/피싱/스쿠버 다이빙

- 골프 투어에 참가하고 싶습니다.
  I want to join the golf tour.
  아이 원투 조인 더 골프 투어

- 도구를 빌릴 수 있나요?
  Can I rent some equipment?
  캐나이 렌트 썸 이큅먼트

- 언제 반환해야 하나요?
  When should I return it?
  웬 슈다이 리턴 잇

- 더 작은 것은 없나요?
  Do you have the smaller one?
  두 유 해브 더 스몰러 원

- 테니스장 있나요?

    Do you have a tennis court?
    두 유 해브 어 테니스 코트

- 이 부근에 골프장 없나요?

    Are there any golf courses around here?
    아 데어 애니 골프 코-시스 어라운드 히어

- 어떻게 입는 건가요?

    What should I wear?
    왓 슈다이 웨어

- 보드를 빌려주십시오.

    I want to rent a board.
    아이 원투 렌트 어 보드

관광

 어휘

낚시하러 가다	go fishing	고우 피싱
반환하다	return	리턴
장비	equipment	이큅먼트
입다	wear	웨어

❾ 술집

> 한 잔 더 주세요!
> ***One more, please!***
> 원 모어 플리즈

 유용한 표현

- 이 근처에 바가 있나요?
  Are there any bars around here?
  아 데어 애니 바즈 어라운드 히어

- 맥주를 주세요.
  Beer, please!
  비어 플리즈

- 같은 걸로 한 잔 부탁해요.
  The same one, please.
  더 세임 원 플리즈

- 위스키 있습니까?
  Do you have whiskey?
  두 유 해브 위스키

- 건배!
  Cheers!
  치어스

- 제가 한 잔 살게요.
  I'll buy a drink.
  아일 바이 어 드링크

- 얼음을 넣어 주세요.
  With ice, please.
  위드 아이스 플리이즈

- 물 탄 위스키 한 잔 주세요.
  Whiskey with water, please.
  위스키 위드 워러 플리이즈

- 얼음을 띄어 주세요.
  On the rocks, please.
  언 더 락스 플리이즈

- 안주는 뭐가 있나요?
  What do you have any snacks?
  왓 두 유 해브 애니 스낵스

관광

 어휘

얼음을 띄운	on the rocks	언 더 락스
물을 섞은	with water	위드 워러
얼음을 넣은	with ice	위드 아이스
안주	snack	스낵

손님	술은 있습니까? **Do you serve alcohol?** 두 유 써브 앨코할
웨이터	와인과 맥주가 있습니다. **We have wine and beer.** 위 해브 와인 앤 비어
웨이터	무슨 맥주를 드시겠습니까? **What kind of beer would you like?** 왓 카인 어브 비어 우쥬 라이크
손님	라이트 맥주 주세요. **I'd like a light beer, please.** 아이드 라이크 어 라잇 비어 플리즈
손님	스카치를 마시고 싶은데 뭐가 있나요? **I'd like to have scotch. What do you have?** 아이드 라익 투 해브 스카치 왓 두 유 해브
웨이터	스카치는 대부분 다 있습니다. **We have most scotches.** 위 해브 모스트 스카치스

술집 관련어

· 술집	pub/tavern	펍/태번
· 칵테일 라운지	cocktail lounge	칵테일 라운지
· 바	bar	바
· 맥주홀	beer hall	비어 홀
· 주류 일람표	wine list	와인 리스트
· 디스코텍	discotheque	디스코텍
· 무도회장	dance hall	댄스 홀
· 입장료	cover charge	코버 차-쥐
· 나이트클럽	night club	나이트 클럽

술 관련어

· 포도주	wine	와인
· 브랜디	brandy	브랜디
· 샴페인	champagne	샴페인
· 칵테일	cocktail	칵테일
· 위스키	whiskey	위스키
· 버본 위스키	bourbon whiskey	버번 위스키
· 카나디언 위스키	canadian whiskey	커네이디언 위스키
· 스카치	scotch	스카치
· 럼	rum	럼
· 진	gin	진
· 보드카	vodka	보드카
· 테킬라	tequila	터킬러
· 맥주	beer	비어
· 캔맥주	canned beer	캔드 비어
· 생맥주	draft beer	드래프트 비어

관광

⑩ 디스코장

디스코장에 가고 싶습니다.
I'd like to go to a disco.
아이드 라익 투 고우 투 어 디스코

유용한 표현

- 쇼가 하는 나이트클럽이 있나요?

    Is there a night club with a show?
    이즈 데어 어 나이트 클럽 위드 어 쇼우

- 어떤 쇼가 하나요?

    What kind of show do they have?
    왓 카인 어브 쇼우 두 데이 해브

- 첫 번째 쇼는 몇 시에 하나요?

    What time does the first show begin?
    왓 타임 더즈 더 퍼스트 쇼우 비긴

- 몇 시에 엽니까?

    What time does it open?
    왓 타임 더즈 잇 오픈

- 오늘 사람이 많나요?

    Is it crowded today?
    이즈 잇 크라우디드 투데이

쇼핑

1. 쇼핑 안내
2. 면세점
3. 화장품 가게
4. 옷 가게
5. 사진관
6. 보석 가게
7. 미용실
8. 슈퍼마켓
9. 계산하기
10. 포장
11. 배달
12. 반품 및 환불

❶ 쇼핑 안내

기념품을 어디에서 살 수 있나요?
Where can I buy some souvenirs?
웨어 캐나이 바이 썸 수버니어스

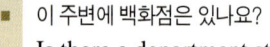

유용한 표현

- 이 주변에 백화점은 있나요?
  Is there a department store around here?
  이즈 데어 어 디파트먼트 스토어 어라운드 히어

- 오늘 개장합니까?
  Are they open today?
  아 데이 오픈 투데이

- 홍차를 사고 싶은데요.
  I want to buy tea.
  아이 원투 바이 티

- 이 부근에 쇼핑 센터가 있습니까?
  Is there a shopping area near here?
  이즈 데어 어 샤핑 에어리어 니어 히어

- 할인점을 찾고 있습니다.
  I'm looking for a discount shop.
  아임 룩킹 포 어 디스카운트 샵

- 좋은 상점을 추천해 주시겠습니까?
  Could you recommend a good shop?
  크쥬 레코멘드 어 굿 샵

- 벼룩시장은 어디에 있습니까?
  Where is the flea market?
  웨어 이즈 더 플리아 마켓

- 언제 문을 엽니까? / 언제 문을 닫습니까?
  What time do you open? / What day are you closed?
  왓 타임 두 유 오픈 / 왓 데이 아 유 클로우즈드

- 어디에 가면 그것을 살 수 있을까요?
  Where can I buy it?
  웨어 캐나이 바이 잇

- 세일합니까?
  Are they having a sale?
  아 데이 해빙 어 세일

쇼

핑

 어 휘

백화점	department store	디파트먼트 스토어
추천하다	recommend	레코멘드
찾다	look for	룩 포
벼룩시장	flea market	플리아 마켓
세일하다	have a sale	해브 어 세일

❷ 면세점

이 근처에 면세점이 있습니까?
Is there a duty-free shop around here?
이즈 데어 어 듀티 프리 샵 어라운드 히어

🖐 유용한 표현

- 면세점은 몇 층입니까?

  Which floor, duty free shop?
  위치 플로어 듀티 프리 샵

- 여권 여기 있습니다.

  Here's my passport.
  히어즈 마이 패스포트

- 얼마 한도 내에서 살 수 있나요?

  How much can I buy within limits?
  하우 머취 캐나이 바이 위딘 리밋츠

- 이 물건은 환불이 가능합니까?

  Do you refund it?
  두유 리펀드 잇

- 이 지방의 특산품은 어떤 것이 있나요?

  What special products do you have here?
  왓 스페셜 프로덕츠 두 유 해브 히어

- 선물용 위스키를 사려고 합니다.
  I'm looking for whiskey as a gift.
  아임 룩킹 포 위스키 애즈 어 기프트

- 라이터는 어떨까요?
  How about a lighter?
  하우 어바웃 어 라이터

- 한국인에게 인기 있는 것은 어떤 것입니까?
  What kind of things are popular for Korean?
  왓 카인 어브 띵스 아 팝퓰러 포 코리언

- 넥타이는 어디에 있나요?
  Where are neckties?
  웨어 아 넥타이즈

깜짝센스

면세점

면세품은 시내의 면세점, 공항의 면세점과 기내에서 살 수 있다. 공항의 면세점은 수입관세(Duty), 국내소비세(Tax)가 모두 면제되므로 시내에서 사는 것보다 싸다. 하지만 시내에서 사는 것보다는 품목 수가 적은 것이 단점이라고 할 수 있다. 물건에 따라서는 2배에 가까운 차익이 생길 수 있으므로 여러 나라를 다니는 사람은 구입계획을 잘 세워 둔다.

쇼핑

❸ 화장품 가게

브랜드가 뭡니까?
What brand is this?
왓 브랜드 이즈 디스

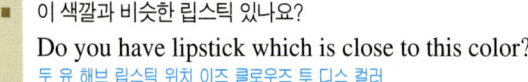

유용한 표현

- 이 색깔과 비슷한 립스틱 있나요?

  Do you have lipstick which is close to this color?
  두 유 해브 립스틱 위치 이즈 클로우즈 투 디스 컬러

- 이것과 똑같은 립스틱 있나요?

  Do you have the same lipstick as this?
  두 유 해브 더 세임 립스틱 애즈 디스

- 색상은 이게 다인가요?

  Are these all the colors?
  아 디즈 올 더 컬러즈

- 샤넬 아이 섀도우 있나요?

  Do you have any Chanel's eye shadow?
  두 유 해브 애니 샤넬즈 아이 섀도우

- 어떤 색상의 화운데이션이 저한테 어울립니까?

  Which color foundation is good on me?
  위치 컬러 파운데이션 이즈 굿 언 미

- 이것은 건성피부용인가요?

  Is this for dry skin?

  이즈 디스 포 드라이 스킨

- 크리스챤 디오르 립스틱 597번을 찾고 있습니다.

  I'm looking for Cristian Dior lipstick number 597.

  아임 룩킹 포 크리스천 디올 립스틱 넘버 파이브 헌드렛 나인티 세븐

- 인기있는 향수는 무엇입니까?

  Which perfume is popular?

  위치 퍼퓸 이즈 팝퓰러

- 이것은 무슨 브랜드인가요?

  What brand is this?

  왓 브랜드 이즈 디스

화장품 관련어

스킨 로션	skin lotion	스킨 로션
밀크 로션	milky lotion	밀키 로션
보습 크림	day cream	데이 크림
기초화장품	foundation	파운데이션
립스틱	lipstick	립스틱
아이섀도우	eye shadow	아이 섀도우
마스카라	mascara	매스캐러
매니큐어	nail enamel	네일 이네멀

❹ 옷 가게

입어 봐도 되나요?
Can I try this on?
캐나이 추라이 디스 언

옷고르기

- 이것 좀 보여주세요.
  Please show me this.
  플리이즈 쇼우 미 디스

- 그냥 보고 있을 뿐입니다.
  I'm just looking.
  아임 저스트 룩킹

- 탈의실이 어디입니까?
  Where is the fitting room?
  웨어 이즈 더 피팅 룸

- 잠깐만 생각해 볼게요.
  Let me think for a moment.
  렛 미 띵크 포 어 모우먼트

- 지금 유행하는 것이 뭔가요?
  What's in fashion now?
  왓츠 인 패션 나우

- 다른 디자인 있나요?

 Do you have another design?
 두 유 해브 어나더 디자인

- 한 번 집어봐도 되나요?

 Can I pick it up?
 캐나이 픽 잇 업

- 다른 옷들을 입어봐도 됩니까?

 Can I try some other clothes?
 캐나이 추라이 썸 아더 클로드즈

- 이게 다인가요?

 Is that all?
 이즈 댓 올

- 거울을 볼 수 있을까요?

 May I see a mirror?
 메아이 씨 어 미러

- 그것으로 살게요.

 I'll take it.
 아일 테이크 잇

- 이것이 마음에 듭니다.

 I like this one.
 아이 라이크 디스 원

쇼핑

 **사이즈**

- 약간 끼는데요. / 헐렁한데요.
  This is a little bit tight/loose.
  디스 이즈 어 리틀 빗 타잇/루즈

- 이 치마의 사이즈는 어떻게 되나요?
  What size is this skirt?
  왓 사이즈 이즈 디스 스커트

- 치수를 재 주시겠어요?
  Could you measure me?
  크쥬 메줘 미

- 어깨 사이즈를 재주세요.
  Please measure my shoulder size.
  플리이즈 메줘 마이 쇼울더 사이즈

- 이것은 저한테 작아요.
  It's small for me.
  잇츠 스몰 포 미

- 더 큰/더 작은 사이즈가 있습니까?
  Do you have a larger/smaller one?
  두 유 해브 어 라저/스몰러 원

- 너무 커요/작아요.
  This is too big/small.
  디스 이즈 투 빅/스몰

- 너무 길어요/짧아요.
  This is too long/short.
  디스 이즈 투 롱/숏

- 다른 사이즈 있나요?
  Are there any other sizes?
  아 데어 애니 아더 사이지즈

- 치수가 저한테 딱 맞네요.
  This is just my size.
  디스 이즈 저스트 마이 사이즈

- 사이즈를 모릅니다.
  I don't know what my size is.
  아이 돈 노우 왓 마이 사이즈 이즈

깜짝센스

상점에 들어서면 「Hi!」라고 인사하는 게 좋다. 살 마음이 없는데도 점원이 말을 걸어오면 "Just looking." 이라고 하고, 마음에 들지 않는 상품을 권하면 "No, thank you." 라고 확실히 말하자.

한국인은 무의식 중에 상품을 집어 보는 버릇이 있지만 여행지에서는 그러지 않는 게 좋다. 손에 집은 물건은 사는 것이 당연하다는 것이 그들의 사고 방식이기 때문이다. 흥미가 당기는 물건이라도 손대지 말고 점원에게 말해서 집어 달라고 한다. 양복 등은 사이즈나 색 등을 알려주면 희망하는 것을 골라서 입혀 준다.

 사진관

필름을 현상해 주세요.
Develop this film, please.
디벨롭 디스 필름 플리이즈

유용한 표현

- 36장짜리 코닥 슬라이드용 필름 주세요.
  I want to Kodak reversal film of 36 exposures.
  아이 원투 코닥 리버설 필름 어브 떠리 씩스 익스포우저스

- 이 카메라용 전지 있습니까?
  Do you have a battery for this camera?
  두 유 해브 어 배터리 포 디스 캐므러

- 렌즈 뚜껑은 있습니까?
  Do you have a lens cap?
  두 유 해브 어 렌즈 캡

- 이 카메라에 필름을 넣어 주세요.
  Please put a roll of film in this camera.
  플리이즈 풋 어 롤 어브 필름 인 디스 캐므러

- 셔터가 고장이에요.
  The shutter doesn't work.
  더 셔터 더즌 워크

- 카메라가 고장났어요. 카메라를 봐주시겠어요?

    It's out of order. Could you check my camera?

    잇츠 아웃 어브 오더 크쥬 체크 마이 캐므러

- 금방 수리되나요?

    Can you repair it now?

    캔유 리페어 잇 나우

- 언제 됩니까?

    When will it be done?

    웬 윌 잇 비 돈

- 이 필름 현상좀 해주시겠어요?

    Could you develop this film?

    크쥬 디벨롭 디스 필름

쇼 핑

 어 휘

· 필름 한 통	exposure	익스포우저
· 뚜껑	cap	캡
· 고장난	out of order	아웃 어브 오더
· 수리하다	repair	리페어
· 현상하다	develop	디벨롭

❻ 보석 가게

보증서는 있습니까?
With a guarantee?
위드 어 게런티

 유용한 표현

- 순금입니까?

    Is this pure gold?
    이즈 디스 퓨어 고울드

- 진품입니까?

    Is this real?
    이즈 디스 리얼

- 방수가 됩니까?

    Is it waterproof?
    이즈 잇 워러프룹

- 한국에서 수리됩니까?

    Can we have it repaired in Korea?
    캔 위 해브 잇 리페어드 인 코리아

- 시간을 맞춰 주세요.

    Please set the time of the watch.
    플리이즈 셋 더 타임 어브 더 와치

- 어느 나라 제품입니까?

  Where was this made?

  웨어 워즈 디스 메이드

- 어떤 종류의 원석입니까?

  What kind of stone is this?

  왓 카인드 어브 스토운 이즈 디스

- 저의 탄생석이 뭔지 알려주시겠어요?

  Could you tell me what my birthstone is?

  크쥬 텔 미 왓 마이 버쓰스토운 이즈

- 귀를 뚫고 싶습니다.

  I'd like to get my ears pierced.

  아이드 라익 투 겟 마이 이어즈 피어스드

- 이것은 18k입니까?

  Is this 18 carat gold?

  이즈 디스 에잇틴 캐럿 고울드

쇼핑

 어휘

· 순금	pure gold	퓨어 고울드
· 18금	18 carat gold	에잇틴 캐럿 고울드
· 원석	stone	스토운
· 귀에 구멍을 뚫은	pierced	피어스드

❼ 미용실

컷트를 부탁합니다.
Haircut only, please.
헤어컷 온니 플리즈

 유용한 표현

- 예약이 필요한가요?

    Is it necessary to make an appointment?
    이즈 잇 네세서리 투 메이크 언 어포인트먼트

- 어떻게 잘라드릴까요?

    How would you like your hair to be cut?
    하우 우쥬 라이크 유어 헤어 투 비 컷

- 지금 컷트할 수 있습니까?

    Can you cut my hair now?
    캔유 컷 마이 헤어 나우

- 샴푸, 컷트, 드라이를 부탁합니다.

    Shampoo, cut and blow, please.
    샴푸 컷 앤 블로우 플리즈

- 파마를 해 주세요.

    I want to have a soft permanent.
    아이 원투 해브 어 소프트 퍼머넌트

- 파마를 하고 싶은데요.
  I'd like to have my hair permed.
  아이드 라익 투 해브 마이 헤어 펌드

- 짧게 잘라 주세요.
  I'd like to have my hair short.
  아이드 라익 투 해브 마이 헤어 쇼트

- 이 머리형으로 해 주세요.
  Make it the same style as this, please.
  메이크 잇 더 세임 스타일 애즈 디스 플리이즈

- 얼마인가요?
  How much is it?
  하우 머취 이즈 잇

- 이것은 팁이에요.
  This is for you.
  디스 이즈 포 유

쇼핑

 어휘

· 필요한	necessary	네세서리
· 머리를 감다	shampoo	샴푸
· 머리를 자르다	cut	컷
· 파마를 하다	perm	펌

⑧ 슈퍼마켓

이걸로 세 개 주세요.
I'll take three of these.
아일 테이크 쓰리 어브 디즈

🔊 유용한 표현

- 이 망고는 언제까지 유효합니까?
  How long will this mango last?
  하우 롱 윌 디스 망고 래스트

- 100그램을 사겠습니다.
  I'll buy 100 grams of this.
  아일 바이 원 헌드렛 그램스 어브 디스

- 낱개로 팝니까?
  Are these sold separately?
  아 디즈 소울드 세퍼레잇틀리

- 한 개에 얼마입니까?
  How much for one?
  하우 머취 포 원

- 이것을 백그램 주세요.
  A hundred grams of this, please.
  어 헌드렛 그램즈 어브 디스 플리이즈

- 이것을 한 토막 주세요.

  A piece of this, please.
  어 피스 어브 디스 플리이즈

- 전부 얼마입니까?

  How much is it altogether?
  하우 머취 이즈 잇 올투게더

- 큰 봉투 있습니까?

  Do you have a big envelope?
  두 유 해브 어 빅 인벨로우프

 어 휘

유효하다	last	래스트
따로따로	separately	세퍼레잇틀리
다 합하여	altogether	올투게더
봉투	envelope	인벨로우프

쇼핑목록

· 육류	Meats	미츠
· 청과류	Fresh fruits	프레쉬 프룻츠
· 생선과 해산물	Fish and seafood	퓌쉬 앤 씨푸-드
· 농산물	Produce	프로듀스
· 유제품	Dairy products	데어리 프로덕스

· 곡류	Cereal	시리얼
· 냉동식품	Frozen food	프로즌 푸-드
· 향신료	Spices	스파이시스
· 청량음료	Soft drinks	소프트 드링스
· 욕실용품	Toiletries	토일리츄리스

· 가정용품	Household goods	하우스호올드 구스
· 주류	Liquor	리쿼
· 의류	Clothing	클로딩
· 건강식품	Diet food	다이어트 푸-드
· 캔제품	Canned Goods	캔드 굳스
· 문방구류	Stationery	스테이셔너리

요리 재료

· 아몬드	almond	아먼드
· 아스파라거스	asparagus	어스패러거스
· 죽순	bamboo shoot	뱀부 슈트
· 당근	carrot	캐럿
· 샐러리	celery	샐러리

· 코코넛	coconut	코코넛
· 오이	cucumber	큐컴버
· 청완두콩	green peas	그린 피스

· 부추	leek	리크
· 연근	lotus root	로터스 루트
· 버섯	mushroom	머쉬룸
· 양파	onion	오니언
· 감자	potato	포테이로
· 무	radish	래디쉬
· 쌀	rice	라이스
· 토마토	tomato	토메이로
· 아보카도	avocado	아보카도우
· 브로콜리	broccoli	브라컬리
· 콩	beans	빈즈
· 양배추	cabbage	캐비지
· 콜리플라워	cauliflower	컬리플라우어
· 밤	chestnut	체스넛
· 옥수수	corn	콘
· 가지	eggplant	에그플랜트
· 상추	lettuce	레티스
· 올리브	olive	올리브
· 파슬리	parsley	파아슬리
· 호박	pumpkin	펌프킨
· 호두	walnut	월넛
· 시금치	spinach	스피니치

쇼핑

❾ 계산하기

더 싼 것은 없습니까?
Anything cheaper?
애니띵 취퍼

 흥정

- 싸게 해 주시겠습니까?
  Can you give me a discount?
  캔유 김미 어 디스카운트

- 현금으로 사면 할인해 줍니까?
  Do you give discounts for cash?
  두 유 기브 디스카운츠 포 캐쉬

- 가격이 너무 비싸군요.
  It's too expensive for me.
  잇츠 투 익스펜시브 포 미

- 디스카운트해 주시면 사겠어요.
  If you discount, I'll buy it.
  이프 유 디스카운트 아일 바이 잇

- 싸게 해 주세요.
  Discount!
  디스카운트

지불

- 얼마입니까?
  How much is this?
  하우 머취 이즈 디스

- 계산원이 어디 있나요?
  Where is the cashier?
  웨어 이즈 더 캐셔

- 어떤 카드를 받나요?
  What kind of cards do you accept?
  왓 카인드 어브 카즈 두 유 어셉트

- 세금 포함입니까?
  Does that include tax?
  더즈 댓 인클루드 택스

- 어디에 싸인합니까?
  Where do I sign?
  웨어 두 아이 사인

- 영수증을 주시겠어요?
  Could I have a receipt, please?
  쿠다이 해브 어 리시트 플리이즈

- 계산은 따로따로 해 주시겠습니까?
  Can we pay separately?
  캔 위 페이 세퍼레잇틀리

쇼핑

 포장

선물 포장을 해주시겠어요?
Can you wrap it as a gift?
캔유 랩 잇 애즈 어 기프트

유용한 표현

- 하나씩 싸 주세요.
  Please wrap these one by one.
  플리이즈 랩 디즈 원 바이 원

- 조심해서 싸 주세요.
  Please wrap it carefully.
  플리이즈 랩 잇 케어펄리

- 종이백 하나 얻을 수 있을까요?
  Could I have a paper bag?
  쿠다이 해브 어 페이퍼 백

- 각각 따로 포장해 주시겠어요?
  Could you wrap these separately?
  크쥬 랩 디즈 세퍼레잇틀리

- 함께 포장해 주시겠어요?
  Could you wrap them together?
  크쥬 랩 뎀 투게더

- 박스에 넣어주세요.

  Please put it in a box.

  플리이즈 풋 잇 인 어 박스

- 포장할 필요 없습니다.

  No need to wrap it.

  노우 니드 투 랩 잇

- 그냥 가방에 넣어주세요.

  Just put in a bag, please.

  저스트 풋 인 어 백 플리이즈

- 리본으로 묶어주시겠어요?

  Could you please tie it with a ribbon?

  크쥬 플리이즈 타이 잇 위드 어 리번

쇼핑

 어 휘

· 포장하다	wrap	랩
· 하나씩	one by one	원 바이 원
· 단단히	tightly	타이틀리
· 묶다	tie	타이

⑪ 배달

배달해 줍니까?
Can you deliver?
캔유 딜리버

유용한 표현

- 주소가 정확합니까?
  Is this addressed correctly?
  이즈 디스 어드레스드 코렉틀리

- 항공우편으로 한국에 도착하려면 얼마나 걸립니까?
  How long does it take to reach Korea by airmail?
  하우 롱 더즈 잇 테익 투 리치 코리아 바이 에어메일

- 언제 도착합니까?
  When would it arrive?
  웬 우드 잇 어라이브

- 오늘 받고 싶습니다.
  I'd like to have it today.
  아이드 라익 투 해브 잇 투데이

- 이 주소로 보내주세요.
  Please send it to this address.
  플리이즈 센드 잇 투 디스 어드레스

- 호텔로 와인을 배달해 주시겠어요?
  Could you deliver the wine to my hotel?
  크쥬 딜리버 더 와인 투 마이 호텔

- 이것을 한국에 보낼 수 있습니까?
  Could you send it to Korea?
  크쥬 센드 잇 투 코리아

- 배송료는 얼마입니까?
  How much is the postage?
  하우 머취 이즈 더 포스티쥐

- 이것은 깨지기 쉽습니다.
  This is fragile.
  디스 이즈 프레자일

어휘

배달하다	deliver	딜리버
정확하게	correctly	코렉틀리
도착하다	reach	리치
우편요금	postage	포스티쥐
깨지기 쉬운	fragile	프레자일

⑫ 반품 및 환불

반품하고 싶어요.
I want to return this.
아이 원투 리턴 디스

유용한 표현

- 대금은 이미 지불했습니다.
  I already paid.
  아이 올레디 페이드

- 판매원을 불러주세요.
  Please call my sales person.
  플리즈 콜 마이 세일즈 퍼슨

- 이것은 영수증입니다.
  This is the receipt.
  디스 이즈 더 리시트

- 교환할 수 있습니까?
  Can I change this?
  캐나이 체인쥐 디스

- 환불해 줍니까?
  Can I have a refund?
  캐나이 해브 어 리펀드

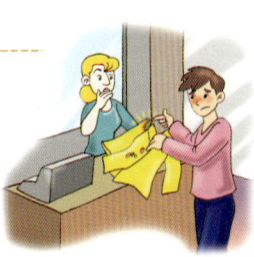

- 사이즈가 맞지 않아요.

  This is not my size.

  디스 이즈 낫 마이 사이즈

- 이것은 제가 산 것과 다른데요.

  This is different from what I bought.

  디스 이즈 디퍼런트 프롬 왓 아이 보우트

- 전혀 사용하지 않았습니다.

  I haven't used it at all.

  아이 해븐트 유즈드 잇 앳 올

- 어제 샀는데요.

  I bought it yesterday.

  아이 보우트 잇 예스터데이

- 왜 교환해 줄 수 없습니까?

  Why can't I exchange this?

  와이 캔트 아이 익스체인쥐 디스

쇼핑

 어 휘

· 반품하다	return	리턴
· 영수증	receipt	리시트
· 환불	refund	리펀드
· 전혀	at all	앳 올

손님	교환할 수 있습니까? **Could you exchange this?** 크쥬 익스체인쥐 디스
판매원	죄송합니다. 다른 걸로 가져가세요. **I'm sorry about that. Sure take another.** 아임 쏘리 어바웃 댓 슈어 테이크 어나더
손님	환불하고 싶습니다. **I'd like a refund on this.** 아이드 라이크 어 리펀드 언 디스
판매원	알겠습니다. 영수증을 주세요. **OK. I need your receipt.** 오케이 아이 니드 유어 리시트
판매원	어떤 문제 때문에 그러시나요? **What was the problem with it?** 왓 워즈 더 프라블럼 위드 잇
손님	지퍼가 잘 열리지 않아요. **The zipper doesn't work well.** 더 지퍼 더즌 워크 웰

통신 · 우편

1. 우편
2. 공중전화
3. 국제전화
4. 인터넷 · 팩스

❶ 우편

한국에 항공편/선편으로 보내주십시오.
Airmail/Seamail to Korea, please.
에어메일/씨메일 투 코리아 플리즈

유용한 표현

▲ 우편엽서

- 이 편지를 등기로 보내려고 합니다.
  I'd like this mail registered.
  아이드 라익 디스 메일 레지스터드

- 속달로 부탁합니다..
  Express mail, please.
  익스프레스 메일 플리즈

- 우체국은 몇 시에 엽니까?
  What time does the post office open?
  왓 타임 더즈 더 포스트 오피스 오픈

- 중앙 우체국은 어디입니까?
  Where is the central post office?
  웨어 이즈 더 센트럴 포스트 오피스

- 여기서 우표를 살 수 있습니까?
  Can I buy stamps, here?
  캐나이 바이 스템스 히어

- 한국까지 항공 우편 요금은 얼마입니까?

  What is the postage to Korea by air?

  왓 이즈 더 포스티쥐 투 코리아 바이 에어

- 안에 뭐가 들어있나요?

  What is in it?

  왓 이즈 인 잇

- 소포용 상자 있나요?

  Can I get boxes for parcel?

  캐나이 겟 박시즈 포 파슬

- 소포용으로 포장해 주시겠어요?

  Will you wrap this as a parcel?

  윌 유 랩 디스 애즈 어 파슬

- 우편엽서도 파나요?

  Do you sell postcards, too?

  두 유 셀 포스트카즈 투

 어 휘

등기로 부치다	register	레지스터
중앙의	central	센트럴
비행기로	by air	바이 에어
소포	parcel	파슬

253

직원	그것의 내용물은 뭡니까?
	What are its contents?
	왓 아 잇츠 컨텐츠
여행자	모두 개인용품입니다.
	They are all personal goods.
	데이 아 올 퍼스널 구스
직원	항공편입니까, 선편입니까?
	By airmail or seamail?
	바이 에어메일 오어 씨메일
여행자	항공편으로 부탁합니다.
	By airmail, please.
	바이 에어메일 플리이즈
직원	이 편지 어디로 보내실 건가요?
	Where is this letter going?
	웨어 이즈 디스 레러 고잉
여행자	한국의 서울로요. 보통 우편으로 해주세요.
	To Seoul, Korea. By regular mail, please.
	투 서울 코리아 바이 레귤러 메일 플리이즈

우체국 관련어

그림엽서	picture postcard	픽춰 포스트카드
우편엽서	post card	포스트 카드
항공봉함엽서	aerogram	에어로그램
편지지	letter paper	레러 페이퍼
봉투	envelope	인벨로우프
우체국	post office	포스트 오피스
발신인	sender	센더
수신인	addressee	어드레시
주소	address	어드레스
우체통	mailbox	메일박스
우표	postage stamp	포스트 스탬프
등기우편	registered mail	레지스터드 메일
속달	express/special	익스프레스/스페셜
항공편	airmail	에어메일
선편	seamail	씨메일
소포	parcel	파슬
취급주의	handle with care	핸들 위드 케어

주소 쓰는 법

- 한국으로 우송하는 경우에는 겉봉의 이름은 한국어로 써도 좋지만, 국명은 반드시 Seoul, Korea라고 영문으로 적을 것.

- 항공편인 경우에는 붉은 글씨로 AIR MAIL, 선편이라면 SEA MAIL이라고 쓴다. 속달인 경우에도 붉은 글자로 EXPRESS라고 써 넣을 것.

❷ 공중전화

공중전화 한 통화에 얼마입니까?
How much is to make a phone call?
하우 머취 이즈 투 메이크 어 포운 콜

유용한 표현

- 공중전화기가 어디 있나요?

  Where is a pay phone?
  웨어 이즈 어 페이 포운

- 동전을 먼저 넣습니까?

  Do I insert coins first?
  두 아이 인서트 코인즈 퍼스트

- 전화 사용법을 알려주십시오.

  Please show me how to use the phone.
  플리이즈 쇼우 미 하우 투 유즈 더 포운

- 305호실 부탁합니다.

  Room 305, please.
  룸 뜨리오파이브 플리이즈

- 메시지를 남겨 주세요.

  Please leave a message.
  플리이즈 리-브 어 메시쥐

- 죄송합니다. 잘못 걸었군요.
  I'm sorry. I have the wrong number.
  아임 쏘오리 아이 해브 더 롱 넘버

- 돈을 바꿔 주시겠습니까?
  Can you exchange this, please?
  캔 유 익스체인쥐 디스 플리이즈

- 다시 전화하겠습니다.
  I'll call again.
  아일 쿨 어겐

- 동전이 없습니다.
  I have no coins.
  아이 해브 노우 코인즈

- 스펠을 부탁드립니다.
  Spell it out, please.
  스펠 잇 아웃 플리이즈

 어 휘

· 공중전화기	pay phone	페이 포운
· 남기다	leave	리-브
· 환전하다	exchange	익스체인쥐
· 동전	coin	코인
· 철자하다	spell	스펠

통신 · 우편

 실용회화 Dialogue

여행자	미스터 리를 부탁합니다. May I speak to Mr. Lee? 메아이 스픽 투 미스터 리
직원	그는 외출중입니다. He is not here now. 히 이즈 낫 히어 나우
여행자	전화 사용법을 알려주십시오. Please show me how to use the phone. 플리이즈 쇼우 미 하우 투 유즈 더 포운
행인	먼저 카드를 넣으세요. Insert phone card first. 인서트 포운 카드 퍼스트

전화 관련어

- 공중전화   public phone/pay phone   퍼블릭 포운/페이 포운
- 전화박스   phone box   포운 박스
- 수화기   receiver   리시버
- 전화번호   phone number   포운 넘버
- 다이얼   dial   다이얼

- 구내전화선   extension   익스텐션
- 번호안내   information   인포메이션
- 긴급전화   emergency call   이머전시 콜
- 교환원   operator   오페레이터
- 국가번호   country code   컨츄리 코드
- 지역번호   area code   에어리어 코드

- 콜렉트콜   collect call   콜렉트 콜
- 지명통화   person-to-person call   퍼슨 투 퍼슨 콜
- 번호통화   station-to-station-call   스테이션 투 스테이션 콜
- 시내통화   local call   로컬 콜
- 장거리통화   long distance call   롱 디스턴스 콜
- 국제전화   international call   인터내셔널 콜

깜짝센스

미국의 공중전화에서 사용할 수 있는 주화는 5, 10, 25센트. 요금은 지역에 따라 다르지만 로스앤젤레스는 20센트, 샌프란시스코·뉴욕은 25센트. 시내에서는 수화기를 들고 기본요금을 넣은 후 상대의 전화번호를 누른다. 시외인 경우에는 먼저 1을 누르면 직통이 된다. 교환을 부르고 싶을 때는 10센트를 넣고 0을 누르고, 상대의 전화번호와 이름, 자신의 이름을 알려 준다. 교환이 최초 1분 또는 3분의 통화요금을 알려 주면 그 금액을 넣는다.

❸ 국제전화

한국에 국제전화를 부탁드립니다.
Overseas call to Korea, please!
오버시즈 콜 투 코리아 플리이즈

 유용한 표현

- 국제전화는 어떻게 겁니까?
  How do I call overseas?
  하우 두 아이 콜 오버시즈

- 국가 코드가 뭡니까?
  What's the country code?
  왓츠 더 컨츄리 코드

- 콜렉트 콜로 부탁합니다.
  Make it collect, please.
  메이크 잇 콜렉트 플리이즈

- 지명통화/번호통화를 부탁합니다.
  Person to person call/Station to station call, please.
  퍼슨 투 퍼슨 콜/스테이션 투 스테이션 콜 플리이즈

- 이 전화로 국제전화를 걸 수 있습니까?
  Can I make an international call with this phone?
  캐나이 메이크 언 인터내셔널 콜 위드 디스 포운

- 신청한 국제전화는 아직 연결되지 않았습니까?

    I tried to place an international call. Did you get through yet? 아이 추라이드 투 플레이스 언 인터내셔널 콜 디쥬 겟 쓰로우 옛

- 이 번호로 전화 연결을 해주시겠습니까?

    Could you please try getting through to this number for me? 크쥬 플리이즈 추라이 게링 쓰로우 투 디스 넘버 포 미

- 전화가 중간에 끊겼습니다.

    I was cut off.
    아이 워즈 컷 어프

- 끊지 말고 기다리세요.

    Hold the line, please.
    호울 더 라인 플리이즈

- 끊고 기다려 주세요.

    Hang up, please.
    행업 플리이즈

 어휘

· 해외의	overseas	오버시즈
· 국제적인	international	인터내셔널
· (전화가) 연락이 되다	get through	겟 쓰로우
· 전화를 끊다	hang up	행 업

실용회화
Dialogue

교환원	교환입니다. 무얼 도와드릴까요? **Operator, may I help you?** 오퍼레이러 메아이 헬프 유
여행자	한국의 서울에 전화하고 싶습니다. **I'd like to make a call to Seoul, Korea.** 아이드 라익 투 메이크 어 콜 투 서울 코리아
교환원	전화번호는 몇 번입니까? **What number are you calling?** 왓 넘버 아 유 콜링
여행자	6216-5316입니다. **The number is 6216-5316.** 더 넘버 이즈 씩스투원씩스 파이브뜨리원씩스
교환원	나왔습니다. 말씀하세요. **On the line, go ahead, please.** 언 더 라인 고우 어헤드 플리즈
여행자	감사합니다. **Thank you.** 땡큐

국제전화 거는 요령

1. 한국의 국가 번호(82)
2. 한국의 시외국번(첫 자리의 0은 뺀다)
3. 거는 전화번호

(예) 미국에서 서울 02-721-7624로 걸 경우에는 001-82-2-721-7624가 된다.

국가	식별번호	국번호	국가	식별번호	국번호
한국	001	82	독일	00	41
일본	001	81	오스트리아	900 또는 00	43
미국	011	1	이집트	00	20
캐나다	011	1	인도	00	91
호주	0011	61	태국	001	66
영국	010	44	인도네시아	00	62
프랑스	19	33	말레이시아	007	60
이탈리아	00	39	홍콩	001	852
스페인	07	34	중국	00	86
그리스	00	30	대만	002	886
스위스	00	41			

깜짝센스

외국에서 국제전화를 거는 방법은 4가지. 요금이 적은 순서대로 적어 보면 국제 다이얼 통화(교환을 통하지 않는 직통전화), 번호 통화(스테이션 콜), 지명통화(퍼슨 투 퍼슨), 콜렉트 콜(수신자 부담 통화). 상대 국가의 시차를 고려해서 전화할 것.

❹ 인터넷 · 팩스

이메일을 확인하려고 합니다.
I'd like to check my e-mail.
아이드 라익 투 체크 마이 이메일

 유용한 표현

- 호텔에서 제 이메일을 확인할 수 있나요?
  Can I check my e-mail at the hotel?
  캐나이 체크 마이 이메일 앳 더 호텔

- 인터넷을 사용할 수 있는 곳이 있나요?
  Is there any place to use the Internet?
  이즈 데어 애니 플레이스 투 유즈 디 인터넷

- 자료 검색을 할 것이 있는데요.
  I need to look for some information.
  아이 니드 투 룩 포 썸 인포메이션

- 인터넷이나 팩스를 이용할 수 있을까요?
  Can I use Internet or fax?
  캐나이 유즈 인터넷 오어 팩스

- 한국에 팩스를 보내고 싶습니다.
  I'd like to send a fax to Korea.
  아이드 라익 투 센드 어 팩스 투 코리아

문제 발생

1. 긴급 상황
2. 도난
3. 분실
4. 신용카드 · 여권 재발행
5. 병원
6. 약국
7. 차 고장
8. 교통사고
9. 길을 잃었을 때

① 긴급 상황

아주 급합니다.
It's very urgent.
잇츠 베리 어전트

유용한 표현

- 의사/경찰을 불러주세요.
  Please call a doctor/the police.
  플리이즈 콜 어 닥터/더 펄리스

- 도와줄 사람을 보내주세요.
  Please send someone to help.
  플리이즈 센드 썸원 투 헬프

- 친구가 없어졌어요.
  My friend is missing.
  마이 프렌드 이즈 미씽

- 배가 너무 아파요.
  I have a bad stomachache.
  아이 해브 어 배드 스토먹에이크

- 기분이 좋지 않아요.
  I am not feeling well.
  아 앰 낫 필링 웰

- 가장 가까운 병원이 어디죠?
  Where is the nearest hospital?
  웨어 이즈 더 니어리스트 하스피럴

- 병원으로 데려가 주세요.
  Please take me to the hospital.
  플리이즈 테익 미 투 더 하스피럴

- 여기 부상자 한 명이 있습니다.
  There's an injured person here.
  데어즈 언 인쥬어드 퍼-슨 히어

- 제가 병원으로 데려다 줄게요.
  I'll take you to the hospital.
  아일 테이크 유 투 더 하스피럴

문제 발생

 어 휘

급한	urgent	어전트
없어진	missing	미싱
가장 가까운	nearest	니어리스트
다친	injured	인쥬어드

❷ 도난

여권을 도난당했습니다.
My passport was stolen.
마이 패스포트 워즈 스톨른

유용한 표현

- 저 사람을 붙잡아요!
  Catch him!
  캐취 힘

- 경찰을 불러 주세요!
  Call the police!
  콜 더 펄리스

- 한국대사관에 연락해 주십시오.
  Please call the Korean Embassy.
  플리이즈 콜 더 코리언 엠버시

- 도둑이야!
  Thief!
  띠이프

- 지하철에서 지갑/가방을 소매치기 당했습니다.
  My wallet/bag was picked on a subway.
  마이 왈릿/백 워즈 픽트 언 어 써브웨이

- 소매치기 당했습니다.
  I lost it stolen.
  아이 로스트 잇 스톨른

- 저 남자가 제 가방을 훔쳐갔어요.
  That man stole my bag.
  댓 맨 스톨 마이 백

- 바로 저 사람이에요.
  That is the man.
  댓 이즈 더 맨

깜짝센스

돈이나 여권 등 귀중품이나 소지품을 도난·분실한 경우에는 반드시 경찰에 신고서를 제출할 것. 하물이 보험에 들어 있다면 경찰의 증명서가 필요하다. 가진 돈을 모두 잃어버려서 어찌할 방도가 없는 경우에는 한국대사관에 가서 상의한다. 가족과 연락해서 송금을 받을 수 있도록 하는 등 어떻게든 구조해 준다.

어휘

훔친	stolen	스톨른
붙잡다	catch	캐취
소매치기하다	pick	픽
도둑	thief	띠이프

경찰	소매치기가 어떻게 생겼나요? **What did the robber look like?** 왓 디드 더 라버 룩 라이크
여행자	키가 작은 백인 남자예요. **It was a short white man.** 잇 워즈 어 숏 화이트 맨
경찰	어떤 종류의 지갑인가요? **What kind of wallet is it?** 왓 카인드 어브 월릿 이즈 잇
여행자	검정색 구치 지갑입니다. **It's black Gucci's.** 잇츠 블랙 구치스
경찰	얼마를 가지고 계셨나요? **How much money were you carrying?** 하우 머취 머니 워 유 캐링
여행자	현금 60달러하고, 여행자수표 50달러요. **Sixty dollars in cash and fifty dollars in traveler's checks.** 씩스티 달러스 인 캐쉬 앤 피프티 달러스 인 추래블러스 첵스

긴급 상황

도와주세요! *Help!*

도둑이야! 잡아라! *Theft! Stop him!*

저놈 잡아라! *Get him!*

꼼짝마! *Freeze!*

엎드렷! *Get down!*

문제 발생

911로 전화해 주세요. *Call 911.*

위험해요! *Watch out!*

불이야! *Fire!*

비상사태입니다. *Emergency!*

❸ 분실

분실계는 어디입니까?
Where's the Lost and Found office?
웨어즈 더 로스트 앤 파운드 오피스

유용한 표현

- 여권/여행자 수표를 분실했습니다.
  I lost my passport/traveler's checks.
  아이 로스트 마이 패스포트/추래블러스 첵스

- 어디에서 찾을 수 있습니까?
  Where should I come to get it?
  웨어 슈다이 컴 투 겟 잇

- 제 가방을 찾으면 연락 바랍니다.
  Please call me if you find my bag.
  플리이즈 콜 미 이프 유 파인드 마이 백

- 저희가 보관하고 있겠습니다.
  We'll keep it.
  위일 킵 잇

- 지갑을 어디에서 잃어버렸는지 모르겠습니다.
  I don't know where I lost my wallet.
  아이 돈 노우 웨어 아이 로스트 마이 월릿

- 찾으면 연락드리겠습니다.
  If we find it, we'll call you.
  이프 위 파인드 잇 위일 콜 유

- 어떻게 연락하면 됩니까?
  How can we contact you?
  하우 캔 위 콘텍트 유

- 짐이 보이지 않습니다.
  I can't find my luggage.
  아이 캔트 파인드 마이 러기쥐

- 즉시 카드를 지불 정지시켜 주세요.
  Please cancel my card right away.
  플리이즈 캔슬 마이 카드 라잇 어웨이

- 카메라를 두고 왔습니다.
  I left my camera.
  아이 레프트 마이 캐므러

도난 관련어

소매치기	pickpocket	픽파킷
도둑	thief	띠이프
날치기	bag-snatching	백 스내칭
순찰차	patrol car	패트롤 카
파출소	police box	펄리스 박스

문제 발생

❹ 신용카드·여권 재발행

> 여권을 재발행해 주십시오.
> ***Reissue my passport, please.***
> 리이슈 마이 패스포트 플리이즈

유용한 표현

- 여권을 재발행하러 왔습니다.
  I came to get the passport reissued.
  아이 케임 투 겟 더 패스포트 리이슈드

- 재발행할 수 있습니까?
  Could you reissue my traveler's check?
  크쥬 리이슈 마이 추래블러스 첵

- 구입 증명서를 갖고 있나요?
  Do you have the purchase agreement?
  두 유 해브 더 퍼춰스 어그리먼트

- 언제/어디서 발행해 받을 수 있습니까?
  When/Where can I have them reissued?
  웬/웨어 캐나이 해브 뎀 리이슈드

- 재발행하는 데 시간이 얼마나 걸립니까?
  How long does it take to have them reissued?
  하우 롱 더즈 잇 테익 투 해브 뎀 리이슈드

- 새 카드는 언제 받나요?
  When will I get a new card?
  웬 윌 아이 겟 어 뉴 카드

- 카드를 취소시켜 주세요.
  Please cancel my card.
  플리즈 캔슬 마이 카드

- 내 카드가 사용되었을 경우, 사용 금액에 대해 보상해 줍니까?
  If my card was used, could you compensate for me the amount? 이프 마이 카드 워즈 유즈드 크쥬 컴펜세이트 포 미 디 어마운트

문제 발생

깜짝센스

신용카드를 분실했을 때는 카드 분실 확인 즉시 은행이나 카드사에 수신자부담으로 분실 신고를 한다. 이때 이름, 카드번호, 주민등록번호를 알려준다.

 어 휘

재발행하다	reissue	리이슈
구입	purchase	퍼춰스
계약	agreement	어그리먼트
보상하다	compensate	컴펜세이트

직원	무엇을 도와드릴까요? **May I help you?** 메아이 헬프 유
여행자	여권을 잃어버렸습니다. 재발급해 주세요. **I lost my passport. I'd like to have it reissued.** 아이 로스트 마이 패스포트 아이드 라익 투 해브 잇 리이슈드
직원	이 양식을 작성해 주세요. **Please fill out this form.** 플리이즈 필 아웃 디스 폼
여행자	알겠습니다. **OK.** 오케이

재외 공관의 여권 재발급

공통 구비서류

여권발급신청서
여권용 사진 2매
여권 및 여권사본 1부(분실 재발급시 제외)

분실 재발급 추가 서류

분실사유서
분실신고확인서
공관 영사에게 신고시 : 담당 영사가 발행
현지 경찰서에 신고시 : 관할 경찰서 발행

훼손 재발급 추가 서류

훼손사유서

만재(사증란 부족) 재발급 추가서류

사유서

기타(성명, 생년월일, 주민등록번호) 재발급 추가서류

변경 또는 정정사유서
증빙서류(호적등본 등)

❺ 병원

여기가 아파요.
I have a pain here.
아이 해브 어 페인 히어

🩺 진찰실

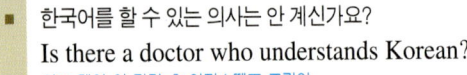

- 어디가 아프십니까?
  What's wrong with you?
  왓츠 롱 위드 유

- 한국어를 할 수 있는 의사는 안 계신가요?
  Is there a doctor who understands Korean?
  이즈 데어 어 닥터 후 언더스땐즈 코리언

- 웃옷을 벗어주시겠습니까?
  Can you remove your coat?
  캔 유 리무브 유어 코우트

- 여기 누워보십시오.
  Please, lie down here.
  플리이즈 라이 다운 히어

- 셔츠의 단추를 풀러주십시오.
  Unbutton your shirt, please.
  언버튼 유어 셔트 플리이즈

- 깊이 숨을 쉬어 보십시오.
  Take a deep breath.
  테이크 어 딥 브레쓰

- 입을 벌리고 아 해보십시오.
  Open your mouth and say "Ah".
  오픈 유어 마우스 앤 세이 아

- 맥박을 재보겠습니다.
  Let me feel your pulse.
  렛 미 필 유어 펄스

- 체온을 재보겠습니다.
  Let me take your temperature.
  렛 미 테이크 유어 템퍼러춰

- 상태가 어떻습니까?
  How do you feel?
  하우 두 유 필

- 몸이 좋지 않습니다.
  I feel sick.
  아이 필 씩

- 다쳤어요.
  I'm hurt.
  아임 허-트

문제 발생

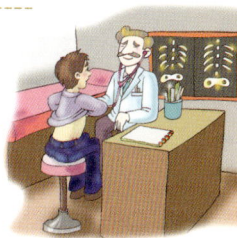

의사에게 문의

- 여행을 계속해도 되나요?

  Can I continue my trip?

  캐나이 컨티뉴 마이 추립

- 목욕해도 되나요?

  May I take a bath?

  메 아이 테이크 어 배쓰

- 어디가 나쁜가요?

  What is wrong with me?

  왓 이즈 롱 위드 미

- 주사는 어디에서 맞나요?

  Where do I get a shot?

  웨어 두 아이 겟 어 샷

- 이 보험증을 사용할 수 있습니까?

  Can I use this insurance policy?

  캐나이 유즈 디스 인슈어런스 펄리쉬

- 조금 나아졌어요.

  I feel a little better.

  아이 필 어 리를 베러

- 진단서를 끊어주시겠어요?

  May I have a medical certificate?

  메아이 해브 어 메디컬 써티피케이트

의사의 처방

- 처방전을 드리겠습니다.
  I'll give you a prescription.
  아일 기브 유 어 프레스크립션

- 주사를 놓겠습니다.
  I'll give you an injection.
  아일 기브 유 언 인젝션

- 이틀간 입원해야 합니다.
  You have to stay in bed for couple of days.
  유 해브 투 스테이 인 베드 포 커플 어브 데이즈

- 담배와 술을 금하십시오.
  Please stop smoking and drinking.
  플리즈 스탑 스모우킹 앤 드링킹

- 진단서를 끊어주시겠어요?
  Can I have a medical certificate?
  캐나이 해브 어 메디컬 써티피케이트

 어휘

눕다	lie down	라이 다운
단추를 풀다	unbotton	언버튼
호흡	breath	브레쓰
체온	temperature	템퍼러춰
목욕하다	take a bath	테이크 어 배쓰
주사	shot	샷

의사	어디가 아프십니까? **Where do you feel pain?** 웨어 두 유 필 페인
환자	여기가 아픕니다. **I have pain here.** 아이 해브 페인 히어
의사	그밖에는요? **Something else?** 썸띵 엘스
환자	토할 것 같아요. **I feel like vomiting.** 아이 필 라이크 보미팅
의사	혈액형은 무엇입니까? **What's your blood type?** 왓츠 유어 블러드 타입
환자	저의 혈액형은 AB형입니다. **My blood type is AB.** 마이 블러드 타입 이즈 에이비

증상

- 머리가 아파요.
  I have a headache.
  아이 해브 어 헤드에익

- 설사가 납니다.
  I have diarrhea.
  아이 해브 다이어리어

- 토할 것 같아요.
  I feel like throwing up.
  아이 필 라이크 쓰로잉 업

- 현기증이 납니다.
  I feel dizzy.
  아이 필 디지

- 열이 있어요.
  I have a fever.
  아이 해브 어 피버

- 기침이 납니다.
  I have a cough.
  아이 해브 어 코우프

- 콧물이 납니다.
  I have a runny nose.
  아이 해브 어 러니 노우즈

- 목이 심하게 아픕니다.
  I have a bad sore throat.
  아이 해브 어 배드 쏘어 쓰로우트

- 식욕이 없어요.
  I have no appetite.
  아이 해브 노우 애피타이트

- 속이 쓰리고 소화가 되질 않습니다.
  I have heartburn and indigestion.
  아이 해브 허트번 앤 인다이제스쳔

- 감기 걸렸어요.
  I caught a cold.
  아이 코우트 어 코울드

- 저는 알레르기가 있어요.
  I have allergies.
  아이 해브 알러지스

- 온 몸에 두드러기가 났어요.
  I got a rash all over my body.
  아이 갓 어 래쉬 올 오버 마이 바디

- 발목이 삐었습니다.
  I sprained my ankle.
  아이 스프레인드 마이 앵클

- 다리가 부러졌어요.
  I've broken my leg.
  아이브 브로큰 마이 레그

문제 발생

❻ 약국

이 처방전대로 약을 조제해 주세요.
Please make up a prescription.
플리즈 메이크 업 어 프레스크립션

유용한 표현

- 처방전 없이도 약을 살 수 있나요?

  Can I buy it without prescription?
  캐나이 바이 잇 위다웃 프레스크립션

- 처방전 여기 있습니다.

  Here is my prescription.
  히어 이즈 마이 프레스크립션

- 감기약/위장약/설사약 좀 주세요.

  Some cold/stomach/diarrhea medicine, please.
  썸 코울드/스토먹/다이어리어 메디신 플리즈

- 피로회복제 있나요?

  Do you have anything for fatigue?
  두 유 해브 애니띵 포 파티그

- 어떻게 복용해야 합니까?

  How should I take this?
  하우 슈다이 테익 디스

- 약을 몇 회 복용해야 합니까?

  How often do I take the medicine?
  하우 오픈 두 아이 테이크 더 메디신

- 식전에 먹습니까? 식후에 먹습니까?

  Before or after meals?
  비포어 오어 애프터 밀즈

- 어떤 부작용이 있나요?

  What are the side effects?
  왓 아 더 사이드 이펙츠

- 의사한테 가십시오.

  See a doctor, please.
  씨 어 닥터 플리이즈

문제 발생

약국 관련어

· 약국	drugstore/pharmacy	드럭스토어/파머시
· 처방전	prescription	프레스크립션
· 아스피린	aspirin	애스피린
· 감기약	cold medicine	코울드 메디신
· 반창고	adhesive tape	어드히시브 테잎
· 붕대	bandage	밴디쥐

여행자	이 처방전대로 약을 조제해 주시겠어요? **Can I get this prescription filled, please?** 캐나이 겟 디스 프레스크립션 필드 플리이즈
약사	예, 약 여기 있습니다. **OK, here's your medicine.** 오케이 히어즈 유어 메디신
여행자	하루에 몇 번 약을 복용해야 합니까? **How many times a day should I take it?** 하우 매니 타임즈 어 데이 슈다이 테이크 잇
약사	식후(식전)에 하루 세 번 복용하십시오. **Take it three times a day after(before) meals.** 테이크 잇 뜨리 타임즈 어 데이 애프터/비포어 밀즈
여행자	위장약 있습니까? **Can I buy any stomach pills here?** 캐나이 바이 애니 스토먹 필즈 히어
약사	처방전 없이는 약을 팔 수 없습니다. **We can't sell this without a prescription.** 위 캔트 셀 디스 위다웃 어 프레스크립션

신체의 부분 Parts of the body

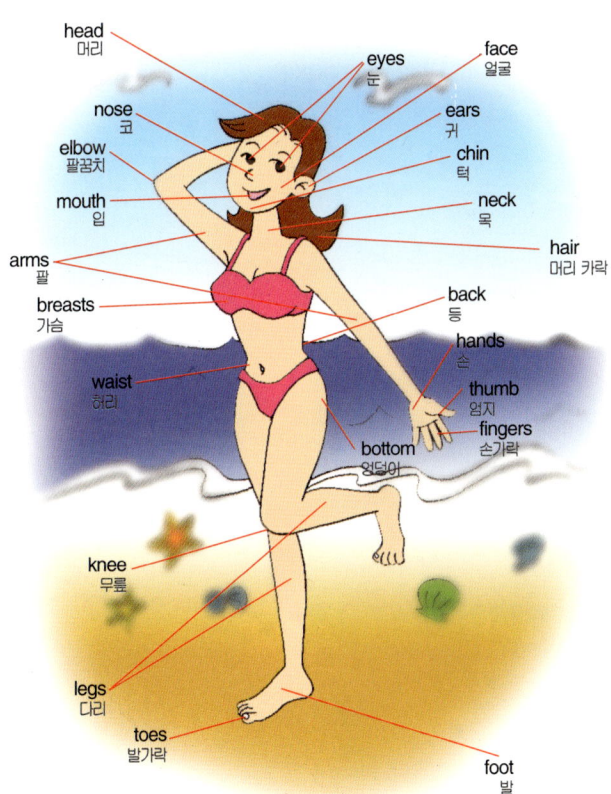

❼ 차 고장

제 차가 고장났습니다.
My car has broken down.
마이 카 해즈 브로큰 다운

유용한 표현

- 브레이크가 잘 작동하지 않습니다.
  The brakes don't work properly.
  더 브레익스 돈 워크 프로펄리

- 클러치에 이상이 있는 것 같습니다.
  Something is wrong with the clutch.
  썸띵 이즈 롱 위드 더 클러치

- 차의 상태가 좋지 않습니다.
  There is something wrong with my car.
  데어 이즈 썸띵 롱 위드 마이 카

- 수리점에 전화해 주세요.
  Please call a repair shop.
  플리이즈 콜 어 리페어 샵

- 수리를 부탁해요.
  Will you check it, please?
  윌 유 체크 잇 플리이즈

- 밧데리가 나갔습니다.
  The battery is dead.
  더 배터리 이즈 데드

- 수리는 언제 됩니까?
  How long will it take to fix it?
  하우 롱 윌 잇 테익 투 픽스 잇

- 엔진이 고장입니다.
  The engine doesn't start.
  디 엔진 더즌 스타-트

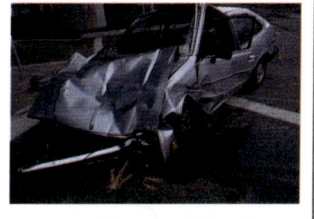

문제 발생

 어휘

· 적당히	properly	프로펄리
· 수리	repair	리페어
· 전지가 다 된	dead	데드
· 수리하다	fix	픽스

실용회화 Dialogue

여행자 엔진 오일 좀 봐 주세요.
I need you to check the oil.
아이 니드 유 투 체크 디 오일

수리기사 알겠습니다. 잠시만요. 별다른 이상이 없군요.
OK. Wait a minute. Your engine is fine.
오케이 웨잇 어 미닛 유어 엔진 이즈 파인

여행자 팬 벨트가 낡아서 새로 교체했습니다.
The fan belts were worn, so we installed new ones.
더 팬 벨츠 워 원 소우 위 인스톨드 뉴 원즈

수리기사 고마워요. 새 것 같군요.
Thank you. It looks as good as new!
땡큐 잇 룩스 애즈 굿 애즈 뉴

자동차 부품 관련어

핸들	handle/steering wheel	핸들/스티어링 휠
백미러	rear view mirror	리어 뷰 미러
변속기	transmission	트랜스미션
실린더 헤드	cylinder head	실린더 헤드
차동 기어	differential gear	디퍼렌셜 기어
대시보드	dashboard	대시보드
시동모터	start motor	스타트 모터
펜더	fender	펜더
고무링	retainer/seal	리테이너/실
배전기	distributor	디스트리뷰터
마운틴 고무	mounting rubber	마운팅 러버
보조 변속기	transfer case	트랜스퍼 케이스
냉각팬	radiator	레디에이터
소음기	muffler	머플러
연료분사 펌프	injection pump	인젝션 펌프
차축	shaft	섀프트
오퍼레이션 실린더	operation cylinder	오퍼레이션 실린더

문제 발생

⑧ 교통사고

교통사고를 당했습니다.
I got a car accident.
아이 갓 어 카 액씨던트

 사고 발생

- 교통사고를 신고하려고 합니다.
  I'd like to report a traffic accident.
  아이드 라익 투 리포트 어 추래픽 액씨던트

- 교통사고에 연루되었습니다.
  I was involved in a traffic accident.
  아이 워즈 인발브드 인 어 추래픽 액씨던트

- 자동차에 치었습니다.
  I was struck against by a car.
  아이 워즈 스추럭 어게인스트 바이 어 카

- 뺑소니 차에 치었어요.
  It was a hit and run accident.
  잇 워즈 어 힛 앤 런 액씨던트

- 부상을 입었습니다.
  I got hurt.
  아이 갓 허트

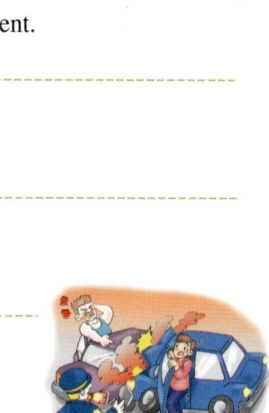

 사고 증명

- 사고증명서를 주십시오.
  Please give me the accident report.
  플리이즈 김미 디 액시던트 리포-트

- 연락할 곳이 있나요?
  Any places to inform?
  애니 플레이시스 투 인폼

- 보험회사에 연락해 주세요.
  Please contact the insurance company.
  플리이즈 콘텍트 디 인슈어런스 컴퍼니

- 제 잘못이 아닙니다.
  It wasn't my fault.
  잇 워즌 마이 폴트

- 저는 교통신호를 지켰습니다.
  I did follow traffic regulations.
  아이 디드 팔로우 추래픽 레귤레이션즈

- 저는 녹색신호등에서 길을 건넜습니다.
  I crossed the street on a green light.
  아이 크로스드 더 스트릿 언 어 그린 라잇

- 저는 교통신호를 무시했습니다.
  I ignored a signal.
  아이 이그노어드 어 시그널

- 국제 운전면허증과 여권입니다.

  Here is my international driving permit and passport.

  히어 이즈 마이 인터내셔널 드라이빙 퍼밋 앤 패스포트

- 사고가 어디에서 났습니까?

  Where did the accident occur?

  웨어 디드 디 액씨던트 오커

- 이제 가도 됩니까?

  Can I continue on my way?

  캐나이 컨티뉴 언 마이 웨이

- 다친 사람이 있습니까?

  Someone injured?

  썸원 인쥬어드

- 다리/팔이 부러졌어요.

  I've broken my leg/arm.

  아이브 브로큰 마이 레그/암

어 휘

사고증명서	accident report	액씨던트 리포트
보험회사	insurance company	인슈어런스 컴퍼니
교통신호	traffic regulation	추래픽 레귤레이션
등록증	registration	레지스트레이션

실용회화 Dialogue

경찰서	경찰서입니다. 무엇을 도와드릴까요? **Police station. May I help you?** 펄리스 스테이션 메아이 헬프 유
사고자	교통사고를 신고하려고 합니다. **I'd like to report a traffic accident.** 아이드 라익 투 리포-트 어 추래픽 액씨던트
경찰서	부상자가 있나요? **Is anybody hurt?** 이즈 애니바디 허-트
사고자	제 남편이 부상을 입었습니다. **My husband was injured.** 마이 허즈번드 워즈 인쥬어드
경찰서	응급처치는 했습니까? **Did first aids?** 디드 퍼스트 에이즈
사고자	예, 했습니다. 앰뷸런스를 불러 주십시오. **Yes, I did. Please call an ambulance.** 예스 아이 디드 플리이즈 콜 언 앰뷸런스

문제 발생

❾ 길을 잃었을 때

실례합니다만 길을 잃었습니다.
Excuse me, I'm lost.
익스큐즈 미 아임 로스트

유용한 표현

- 지금 여기가 어디죠?

    Where am I now?
    웨어 앰 아이 나우

- 지도상에서 제가 어디에 있는 겁니까?

    Where am I on the map?
    웨어 앰 아이 언 더 맵

- 여기에 약도 좀 그려주십시오.

    Please draw a map here.
    플리이즈 드로 어 맵 히어

- 제 지도에 표시해 주시겠어요?

    Will you mark it on my map?
    윌 유 마크 잇 언 마이 맵

- 어떻게 가야 합니까?

    How can I get there?
    하우 캐나이 겟 데어

- 여기서 가까운가요?

  Is it near here?

  이즈 잇 니어 히어

- 이 길은 무슨 길입니까?

  What street is this?

  왓 스트릿 이즈 디스

- 얼마나 걸립니까?

  How long does it take?

  하우 롱 더즈 잇 테이크

- 그곳에 가려면 얼마나 걸립니까?

  How long does it take to get there?

  하우 롱 더즈 잇 테익 투 겟 데어

- 여기서 몇 정거장입니까?

  How many stops from here?

  하우 매니 스탑스 프롬 히어

문제 발생

 어휘

지도	map	맵
그림을 그리다	draw	드로
표시하다	mark	마크
정류소	stop	스탑
가까운	near	니어

여행자	실례합니다만, 길을 잃었어요. 여기가 어디인가요? **Excuse me, I'm lost. Where am I now?** 익스큐즈 미 아임 로스트 웨어 앰 아이 나우
경찰	어디 가려고 하십니까? **Where are you trying to go?** 웨어 아 유 트라잉 투 고우
여행자	힐튼호텔이 어디죠? **Where is Hilton Hotel?** 웨어 이즈 힐튼 호텔
경찰	이 길 건너편에 있습니다. **It's across the street.** 잇츠 어크로스 더 스트릿
여행자	얼마나 먼가요? **How far is it?** 하우 파 이즈 잇
경찰	여기에서 5마일 정도 떨어져 있습니다. **It's about 5 miles from here.** 잇츠 어바웃 파이브 마일즈 프롬 히어

귀국

1. 예약 재확인
2. 출국

❶ 예약 재확인

재확인을 부탁해요.
I want to reconfirm my reservation.
아이 원투 리컨펌 마이 레저베이션

유용한 표현

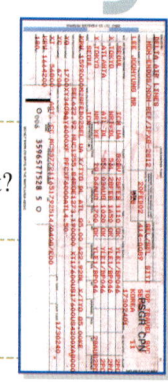

- 대기자 명단에 몇 명이 있습니까?

  How many people are on the waiting list?
  하우 매니 피-플 아 언 더 웨이팅 리스트

- 대기자 명단에 있어야 합니까?

  Do I have to be on the waiting list?
  두 아이 해브 투 비 언 더 웨이팅 리스트

- 아침 비행에 좌석이 있습니까?

  Do you have any seats available on a morning flight?
  두 유 해브 애니 씻츠 어베일러블 언 어 모닝 플라잇

- 한국에서 예약했는데요.

  I made a reservation in Korea.
  아이 메이드 어 레저베이션 인 코리아

- 재확인해야 합니까?

  Do I need to reconfirm my flight?
  두 아이 니드 투 리컨펌 마이 플라잇

- 제 이름이 리스트에 있습니까?
  Is my name on the list?
  이즈 마이 네임 언 더 리스트

- 재확인되었습니다.
  OK, your flight has been confirmed.
  오케이 유어 플라잇 해즈 빈 컨펌드

- 몇 시에 체크인해야 합니까?
  At what time should I check in?
  앳 왓 타임 슈다이 체크인

- 몇 편 비행기입니까?
  What's the flight No.?
  왓츠 더 플라잇 넘버

귀국

깜짝센스

항공권 재확인

항공권의 재확인 절차, 즉 해당일에 그 항공편을 이용하겠다는 의사를 늦어도 출발 3일 전까지 항공사에 알리는 것. 리컨펌이 늦어질 경우 예약 취소로 간주하여 대기자들로 자리를 채우기 때문에 자칫하면 비행기를 타지 못하는 불상사를 초래할 수 있으므로 요주의!

❷ 출국

서울에 몇 시에 도착합니까?
What time will we arrive in Seoul?
왓 타임 윌 위 어라이브 인 서울

유용한 표현

- 출국 수속 카운터는 어디입니까?
  Where is the check-in counter?
  웨어 이즈 더 체크인 카운터

- 출국 신고서를 써야 합니까?
  Do I need a departure form?
  두 아이 니드 어 디파춰 폼

- 출국 신고서를 어디에서 받습니까?
  Where can I get a departure form?
  웨어 캐나이 겟 어 디파춰 폼

- 공항요금을 내야 합니까?
  Do I have to pay an airport tax?
  두 아이 해브 투 페이 언 에어포트 텍스

- 최종 도착지를 체크해주세요.
  Check it to my final destination.
  체크 잇 투 마이 파이널 데스티네이션

- 추가요금을 내야 합니다.
  You have to pay an extra charge.
  유 해브 투 페이 언 엑스추라 차쥐

- 탑승 게이트는 어디입니까?
  Where's the departure gate?
  웨어즈 더 디파춰 게이트

- 탑승 시간은 몇 시입니까?
  When is boarding time?
  웬 이즈 보딩 타임

- 이것을 기내에 가지고 들어가도 됩니까?
  Can I carry this into the cabin?
  캐나이 캐리 디스 인투 더 캐빈

귀국

 어휘

· 출국카드	embarkation card	엠바케이션 카드
· 요금	tax	텍스
· 마지막의	final	파이널
· 초과	excess	액세스

출국 수속

예약 재확인 (RECONFIRM)
출발 72시간 전까지 전화 또는 항공사의 사무소에 예약을 재확인해 둔다.

공항 (AIRPORT)

체크인 (CHECK-IN)
항공사의 카운터에서 여권(passport), 항공권(ticket)을 제시하고 하물(baggage)을 맡기고, 탑승권(boarding card)과 하물인환증(claim tag)을 받는다. 국가에 따라서는 공항세(airport tax)를 지불하는 경우도 있다. 무료수탁하물(free baggage)에는 기내 반입 수하물(carry-on), 탁송하물(checked baggage)이 있다. 하물의 중량이 제한량을 초과한 경우에는 초과 수하물(excess baggage)이 되어 초과요금(excess charge)을 지불해야 한다.

세관 (CUSTOMS)
현지통화의 반입액 이상의 반출은 금지되어 있다. 입국시의 소지금 신고와 출국시의 소지금을 검사하는 경우도 있으므로 주의할 것.

출국 수속
세금환부 수속, 출국심사, 수하물 검사를 마치고 탑승구(Boarding Gate)로 간다.

핵심단어장
Core Wordbook

핵심 단어장

가까운	near	니어
가득 채움	full tank	풀 탱크
가솔린	gasoline	개솔린
가자미	Sole	소울
가정용품	household goods	하우스호울드 구스
가져오다	bring	브링
가지	eggplant	에그플랜트
갈아타는 곳	transfer gate	트랜스퍼 게이트
갈아타다	transfer	트랜스퍼
감기약	cold medicine	코울드 매디신
감자	potato	포테이로
개인 소유물	personal property	퍼스널 프로퍼티
거스름돈	change	체인쥐
건강식품	diet food	다이어트 푸-드
건전지	battery	배터리
검역	quarantine	쿼런틴
게	crab	크랩
계약	agreement	어그리먼트
계약서	contract	컨트랙트
고무링	retainer/seal	리테이너/실
고속도로	express way	익스프레스 웨이
고용하다	hire	하이어
고장난	out of order	아웃 어브 오더
곡류	cereal	시리얼

■ 공원	park	파크
■ 공중전화	public phone/pay phone	퍼블릭 포운/페이 포운
■ 공항	airport	에어포트
■ 공항세	airport tax	에어포트 텍스
■ 과일	fruit	프룻
■ 관광	sightseeing	싸잇싱
■ 관광 여행	sightseeing tour	싸잇싱 투어
■ 관광지도	sightseeing map	싸잇싱 맵
■ 관세법	customs duty	커스텀즈 듀티
■ 교차점	intersection	인터섹션
■ 교통	transportation	트랜스포테이션
■ 교통신호	traffic regulation	추래픽 레귤레이션
■ 교환원	operator	오퍼레이터
■ 구내전화선	extension	익스텐션
■ 구매하다	purchase	퍼춰스
■ 구명동의	life jacket	라이프 재킷
■ 국가번호	country code	컨츄리 코드
■ 국내선	domestic service	도메스틱 서비스
■ 국제공항	international airport	인터내셔널 에어포트
■ 국제선	international service	인터내셔널 서비스
■ 국제전화	international call	인터내셔널 콜
■ 굽다	roast	로우스트
■ 귀에 구멍을 뚫은	pierced	피어스드
■ 귀중품	valuables	밸루어블스
■ 그림엽서	picture postcard	픽춰 포스트카드
■ 그림을 그리다	draw	드로
■ 극장	theater	씨어터
■ 급한	urgent	어전트
■ 급행열차	express train	익스프레스 츄레인

핵심단어장

- 급행요금 — express charge — 익스프레스 차쥐
- 기내반입 수화물 — carry-on-baggage — 캐리 언 배기쥐
- 기내선반 — overhead shelf — 오버헤드 셀프
- 기다리다 — wait for — 웨이트 포
- 기본요금 — minimum fare — 미니멈 페어
- 기분이 나아지다 — feel better — 필 베러
- 기장 — captain — 캡틴
- 기초화장품 — foundation — 파운데이션
- 긴급전화 — emergency call — 이머전시 콜
- 깨지기 쉬운 — fragile — 프레자일

- 나이트클럽 — night club — 나이트 클럽
- 낚시하러 가다 — go fishing — 고우 피싱
- 날치기 — bag-snatching — 백 스내칭
- 남기다 — leave — 리-브
- 남승무원 — steward — 스트워드
- 냉각팬 — radiator — 레디에이터
- 냉동식품 — frozen food — 프로즌 푸-드
- 너무 익힌 — over done — 오버 던
- 녹차 — green tea — 그린 티이
- 농산물 — produce — 프로듀스
- 놓다 — put — 풋
- 놓치다 — miss — 미스
- 눕다 — lie down — 라이 다운

■ 다 합하여	altogether	올투게더
■ 다이얼	dial	다이얼
■ 다친	injured	인쥬어드
■ 단단히	tightly	타이틀리
■ 단추를 풀다	unbotton	언버튼
■ 달러	dollar	달러
■ 닭고기	chicken	춰큰
■ 담요	blanket	블랭킷
■ 당근	carrot	캐럿
■ 대합실	waiting room	웨이팅 룸
■ 도둑	thief	띠이프
■ 도로지도	road map	로드 맵
■ 도착지	port of arrival	포트 어브 어라이벌
■ 도착하다	reach	리치
■ 동물원	zoo	주
■ 동전	coin	코인
■ 돼지고기	pork	포-크
■ 등기로 부치다	register	레지스터
■ 등기우편	registered mail	레지스터드 메일
■ 등록증	registration	레지스트레이션
■ 디스코텍	discotheque	디스코텍
■ 디저트	dessert	디저-트
■ 따로따로	separately	세퍼레잇틀리
■ 뚜껑	cap	캡
■ 럼	rum	럼
■ 립스틱	lipstick	립스틱

마스카라	mascara	매스캐러
마운틴 고무	mounting rubber	마운팅 러버
마지막의	final	파이널
맑은 수프	consomme	콘소메이
매니큐어	nail enamel	네일 이네멀
매표소	ticket office	티켓 오피스
맥주	beer	비어
맥주홀	beer hall	비어 홀
머리를 감다	shampoo	샴푸
머리를 자르다	cut	컷
머물다	stay	스떼이
멀미 봉투	airsickness bag	에어씨크니스 백
메뉴	menu	메뉴
면도하다	shave	셰이브
면세품	duty free	듀티 프리
명소	famous spots	페이머스 스팟츠
목욕하다	take a bath	테이크 어 배쓰
목적	purpose	퍼포즈
무	radish	래디쉬
무도회장	dance hall	댄스 홀
무료	no charge	노우 차-쥐
묶다	tie	타이
문방구류	stationery	스테이셔너리
물을 섞은	with water	위드 워러
뮤지컬	musical	뮤지컬
미터계	fare meter	페어 미터
밀크 로션	milky lotion	밀키 로션

- 바	bar	바
- 박람회	fair/exposition	페어/익스포지션
- 박물관	museum	뮤지엄
- 반입 금지품	prohibited article	프로히비티드 아티클
- 반품하다	return	리턴
- 발신인	sender	센더
- 발착 일람표	schedule board	스케줄 보드
- 배달하다	deliver	딜리버
- 백미러	rear view mirror	리어 뷰 미러
- 백포도주	white wine	와잇 와인
- 백화점	department store	디파트먼트 스토어
- 버본 위스키	bourbon whiskey	버번 위스키
- 번호통화	station-to-station-call	스테이션 투 스테이션 콜
- 베개	pillow	필로우
- 벼룩시장	flea market	플리아 마켓
- 보관하다	keep	킵
- 보드카	vodka	보드카
- 보상하다	compensate	컴펜세이트
- 보증금	deposit	디파짓
- 보통열차	local train	로컬 츄레인
- 보험회사	insurance company	인슈어런스 컴퍼니
- 분실물 취급소	lost and found	로스트 앤 파운드
- 브랜디	brandy	브랜디
- 비행기 편명	flight number	플라잇 넘버
- 비행기로	by air	바이 에어
- 빌리다	rent	렌트

핵심단어장

- 사고증명서   accident report   액씨던트 리포트
- 사진촬영 금지   no photographs   노우 포토그랩스
- 산소마스크   oxygen mask   악씨전 매스크
- 상추   lettuce   레티스
- 샐러드   salad   샐러드
- 샐러리   celery   샐러리
- 생맥주   draft beer   드래프트 비어
- 생선   fish   피쉬
- 샴페인   champagne   샴페인
- 서류가방   brief case   브리프 케이스
- 서명   signature   시그너춰
- 선편   seamail   씨메일
- 세관 검사   custom inspection   커스텀 인스펙션
- 세관직원   customs officer   커스텀즈 오피서
- 소매치기   pickpocket   픽파킷
- 소매치기하다   pick   픽
- 소포   parcel   파슬
- 소형차   compact car   컴펙트 카
- 속달   express/special   익스프레스/스페셜
- 송아지고기   veal   비-얼
- 쇠고기   beef   비프
- 쇼   show   쇼우
- 수리   repair   리페어
- 수수료   commission   커미션
- 수신인   addressee   어드레시
- 수족관   aquarium   아쿠아리엄
- 수탁증(클레임택)   deposit receipt   디파짓 리씨트

수프	soup	수프
수하물	baggage / luggage	배기쥐 / 러기쥐
수화기	receiver	리시버
숙박 시설	accommodation	어커머데이션
순금	pure gold	퓨어 고울드
순찰차	patrol car	패트롤 카
술집	pub/tavern	펍/태번
스위치	switch	스위치
스카치	scotch	스카치
스케줄	schedule	스케쥴
스테이크	steak	스테이크
슬라이드 필름	slide film	슬라이드 필름
승무원	crew	크루
시끄러운	noisy	노이지
시내	downtown	다운타운
시내통화	local call	로컬 콜
시설	facility	퍼실리티
식당	restaurant	레스토런트
식당차	dining car	다이닝 카
식물원	botanical garden	보태니컬 가든
식사	meal	미일
식사	meal	밀
식전술	aperitif	아페리티프
신고하다	declare	디클레어
신변용품	personal effects	퍼스널 이펙츠
실린더 헤드	cylinder head	실린더 헤드
싱거운	flat	플랫

핵심단어장

313

아스피린	aspirin	애스피린
아침식사	breakfast	브렉퍼스트
안내소	information center	인포메이션 센터
안내책자	brochure	브로셔
안전벨트	seat belt	씻 벨트
안주	snack	스낵
야간열차	night train	나잇 츄레인
야외극장	drive-in theater	드라이브 인 씨어터
약국	drugstore/pharmacy	드럭스토어/파머시
얼음을 넣은	with ice	위드 아이스
얼음을 띄운	on the rocks	언 더 락스
여승무원	stewardess	스트워디스
여행가방	suitcase	수트케이스
여행사	travel agent	트레블 에이전트
여행자	traveler	추래블러
여행자 수표	traveler's checks	추래블러스 첵스
연극	play	플레이
연락처	contact address	컨텍트 어드레스
연중행사	annual event	애뉴얼 이벤트
영수증	receipt	리시트
영화	movie	무비
영화관	movie theater	무비 씨어터
예방주사 증명서	yellow card	옐로우 카드
예약	reservation	레저베이션
예약금	deposit	디파짓
오페라	opera	아퍼러
왕복 항공권	round-trip ticket	라운드 추립 티켓

요금	charge	차-쥐
욕실용품	toiletries	토일리츄리스
욕실이 딸린	with a bath	위드 어 배쓰
우체국	post office	포스트 오피스
우체통	mailbox	메일박스
우편엽서	post card	포스트 카드
우편요금	postage	포스티쥐
운임	fare	페어
운전면허증	driver's license	드라이버스 라이센스
위스키	whiskey	위스키
유로	Euro	유로
유료	charge/pay	차-쥐/페이
유료도로	toll road	톨 로드
유원지	recreation ground	레크리에이션 그라운드
유효하다	last	래스트
육류	meats	미츠
음료	beverage	비버리쥐
음악회	concert	칸서트
의류	clothing	클로딩
이름표	name-plate	네임 플레이트
인화	contact prints	컨텍트 프린츠
인환증	claim tag	클레임 택
일방통행	one-way	원 웨이
일품요리	a la carte	알 라 카르뜨
입구	entrance	엔트런스
입국관리	immigration	이미그레이션
입국카드	disembarkation card	디젬바케이션 카-드
입석	standing seat	스탠딩 씻
입장료	cover charge	코버 차-쥐

핵심단어장

■ 자유석	non-reserved seat	넌리저브드 씨트
■ 잔돈	change	체인쥐
■ 장거리통화	long distance call	롱 디스턴스 콜
■ 재발행하다	reissue	리이슈
■ 재확인하다	reconfirm	리컨펌
■ 저녁식사	dinner/supper	디너/써퍼
■ 적포도주	red wine	레드 와인
■ 전시장	exhibition	엑서비션
■ 전화박스	phone box	포운 박스
■ 점심식사	lunch	런치
■ 좌석	seat	씨잇
■ 주간열차	day train	데이 츄레인
■ 주류	liquor	리쿼
■ 주류 일람표	wine list	와인 리스트
■ 주문	order	오더
■ 주요리	main dishes	메인 디쉬즈
■ 주유소	gas station	게스 스테이션
■ 주차금지	no parking	노우 파킹
■ 주차장	parking lot	파킹 랏
■ 주화	coin	코인
■ 중국요리	Chinese food	차이니즈 푸드
■ 지도	map	맵
■ 지명통화	person-to-person call	퍼슨 투 퍼슨 콜
■ 지역번호	area code	에어리어 코드
■ 지정좌석	reserved seat	리저브드 씨트
■ 지폐	bill	빌
■ 짐수레	cart	카트

차동 기어	differential gear	디퍼렌셜 기어
차축	shaft	섀프트
참다	stand	스탠드
창구	counter	카운터
찾다	look for	룩 포
처방전	prescription	프레스크립션
철도	railroad/railway	레일로드/레일웨이
철자하다	spell	스펠
청과류	fresh fruits	프레쉬 프룻츠
청량음료	soft drinks	소프트 드링스
청완두콩	green peas	그린 피스
체온	temperature	템퍼러춰
체크인하다	check in	체크 인
초과	excess	엑세스
추가의	additional	애디셔널
추월금지	road closed	로드 클로우즈드
추천하다	recommend	레코멘드
축제	festival	페스티벌
출구	exit	엑씨트
출국카드	embarkation card	엠바케이션 카드
출발	departure	디파-춰
출발지	port of departure	포트 어브 디파-춰
취급주의	handle with care	핸들 위드 케어
친척	relative	렐러티브
침대요금	berth charge	버쓰 차쥐
침대차	sleeping car	슬리핑 카

핵심단어장

- 카나디언 위스키　canadian whiskey　커네이디언 위스키
- 칵테일　cocktail　칵테일
- 칵테일 라운지　cocktail lounge　칵테일 라운지
- 캔맥주　canned beer　캔드 비어
- 캔제품　canned goods　캔드 굳스
- 커피　coffee　커피
- 컬러필름　color film　컬러 필름
- 코코넛　coconut　코코넛
- 콘프레이크　cornflakes　콘플레익스
- 콜렉트콜　collect call　콜렉트 콜
- 콜리플라워　cauliflower　컬리플라우어
- 콩　beans　빈즈

- 탑승 카운터　boarding counter　보-딩 카운터
- 탑승구　boarding gate　보-딩 게이트
- 탑승권　boarding pass　보-딩 패스
- 택시　taxi　택시
- 택시기사　taxi driver　택시 드라이버
- 택시승차장　taxi zone/taxi stand　택시 존/택시 스탠드
- 택시요금　taxi fare　택시 페어
- 테킬라　tequila　터킬러
- 토마토　tomato　토메이로
- 토속음식　local food　로컬 푸드
- 통과 승객　transfer passenger　트랜스풔 패슨저

■ 통과 카드	transit pass	트랜짓 패스
■ 통화(돈)	currency	커런시
■ 특급열차	limited express	리미티드 익스프레스

■ 파마를 하다	perm	펌
■ 파손	damage	데미쥐
■ 파슬리	parsley	파아슬리
■ 파운드	pound	파운드
■ 파출소	police box	폴리스 박스
■ 펑크나다	puncture	펑춰
■ 펜더	fender	펜더
■ 편도 항공권	one way ticket	원 웨이 티켓
■ 편지지	letter paper	레러 페이퍼
■ 포도주	wine	와인
■ 포장하다	wrap	랩
■ 표	ticket	티켓
■ 표시하다	mark	마크
■ 프랑스요리	French food	프렌치 푸드
■ 플래쉬 금지	no flashbulbs	노우 플래쉬벌브스
■ 플랫폼	platform	플랫폼
■ 필름 한 통	exposure	익스포우저
■ 필요한	necessary	네세서리

핵심단어장

할인하다	discount	디스카운트
할증요금	extra fare	엑스추라 페어
항공권	passenger ticket	패신저 티켓
항공봉함엽서	aerogram	에어로그램
항공사	airline agent	에어라인 에이전트
항공편	airmail	에어메일
해외의	overseas	오버시즈
핸들	handle/steering wheel	핸들/스티어링 휠
행사	event	이벤트
향수	perfume	퍼퓸
향신료	spices	스파이시스
현금	cash	캐쉬
현상하다	develop	디벨롭
호출 버튼	attendant call button	어텐던트 콜 버튼
호흡	breath	브레쓰
홍차	tea	티이
화랑	art gallery	아트 갤러리
화물요금	baggage fare	배기쥐 페어
화장실	lavatory/toilet	래버토리/토일럿
확인하다	confirm	컨펌
환불	refund	리펀드
환전률	exchange rate	익스체인쥐 레이트
환전소	money exchange	머니 익스체인쥐
환전하다	exchange	익스체인쥐
후라이한 것	Fried	프라이드
훔친	stolen	스톨른
흑백필름	black and white film	블랙 앤 와잇 필름